VINCENT DE GOURNAY

MÉMOIRES

ET LETTRES

*Publiés sur la base des manuscrits
conservés à la bibliothèque municipale de Saint-Brieuc*

Avec une introduction de Benoît Malbranque

Paris, 2017
Institut Coppet
www.institutcoppet.org

INTRODUCTION :

LE LIBÉRALISME OUBLIÉ
DE VINCENT DE GOURNAY

Le siècle des Lumières, fameux entre tous pour son bouillonnement intellectuel, est riche en gloires oubliées. Trop complexe peut-être pour être appréhendé aisément dans toute sa variété, il invite de lui-même aux généralisations. Pour la plus grande commodité des historiens de la philosophie, les encyclopédistes formèrent un groupe à part, qu'une œuvre commune fédéra. Chez les économistes, on a longtemps cru qu'une telle agglomération non seulement existait, mais allait de soi. Par leurs airs propagandistes et sectaires, les physiocrates, qui ont donné le ton aux débats économiques du temps aussi bien en France qu'à l'étranger, se prêtaient prodigieusement à cet assemblage simplificateur. On est revenu, à bien des égards et pour bien des raisons, de ce schéma : en précisant la singularité de physiocrates émancipés comme Turgot et, dans une moindre mesure, comme Dupont de Nemours ; en pointant du doigt les contradictions légères ou profondes entre les disciples et le maître François Quesnay, et même entre les disciples entre eux ; enfin, en faisant apparaître plusieurs phases du lent travail d'élaboration, d'affermissement puis de dissipation de la doctrine physiocratique, l'image d'une école homogène s'est clairement affadie.

Il reste cependant bien du travail à faire concernant les penseurs marginaux ou originaux, qui s'insèrent dans la galaxie des physiocrates en tissant avec eux des liens variés et multipliés, mais qui s'en détachent par un éloignement temporel ou théorique qui rendait leur assimilation impossible. Car les écoles de pensée, comme des familles, fixent à jamais leur périmètre en se transmettant les uns aux autres leur arbre généalogique : ainsi on a vu Dupont de Nemours établir le recensement, certes un peu large, des économistes physiocrates[1] ; plus tard, Guillaumin et Eugène Daire ont fait le tri parmi les précurseurs de Jean-Baptiste Say et ont transmis aux générations suivantes un panorama de la pensée libérale française qui s'est maintenu, malgré ses défauts, jusqu'à une époque très récente.

Ainsi on n'a rendu hommage qu'extrêmement tardivement aux économistes tels que le marquis d'Argenson, Isaac Bacalan, Simon Clicquot-Blervache, J.-J.-L. Graslin, ou l'abbé Coyer, chacun étant resté trop isolé, et par conséquent trop discret et trop imperceptible pour les yeux des historiens, qui ne décèlent facilement que les grandes masses.

Le cas de Vincent de Gournay aurait pu s'avérer plus simple. À l'origine d'un vaste effort de publications économiques au cours de la décennie 1750, il avait tout de ces acteurs de l'histoire qui attirent l'attention. Sa défense de la liberté du travail, vigoureuse et originale pour l'époque, aurait pu le faire passer pour l'un des précurseurs de la Révolution française — ce qu'il est bien, à sa façon. Mais trop peu dogmatique, trop peu attaché à ses idées, dont il laissait allègrement les autres tirer profit, Gournay ne se voyait pas en maître d'école. Lorsque la maladie l'emporta à l'âge de 47 ans, il avait abondamment écrit, mais peu publié. Ses manuscrits se perdirent ; sa doctrine, pas toujours bien fixée, fut assimilée par Turgot, qui en tira pour lui-même son propre système. La trace de Gournay était effacée pour la postérité.

---

[1] Voir notamment le « Catalogue des écrits composés suivant les principes de la science économique » (*Éphémérides du Citoyen*, 1768, volume 2, p.191-202) et la « Notice abrégée des différents écrits modernes qui ont concouru en France à former la science de l'économie politique » dans les neuf premiers volumes des *Éphémérides* de l'année 1769.

INTRODUCTION

Après la parution de ses *Remarques sur la traduction des Traités sur le commerce de Josias Child* (L'Harmattan, 2008), qui, par leur forme, illustrent merveilleusement bien la modestie extrême qui était la sienne, nous avons voulu publier pour la première fois en France les *Mémoires et lettres* de Vincent de Gournay, afin que les idées de leur auteur sur la liberté du travail trouvent un écho chez nos contemporains, et afin que le nom de cet économiste oublié puisse retrouver sa place dans les manuels et dans les ouvrages, comme celui d'un homme qui a contribué à fixer la doctrine du libéralisme économique et qui, par ses travaux et par ses initiatives, a miné davantage cet Ancien régime qui devait s'effondrer quarante années plus tard.

Ce ne sera pas, toutefois, avant d'avoir examiné plus en détail la nature de ce libéralisme original défendu par Gournay et d'avoir assemblé les unes avec les autres les pièces d'un puzzle qui serait susceptible de déboussoler le lecteur.

Mais d'abord, commençons par quelques renseignements d'ordre biographique, dont la connaissance est essentielle pour comprendre la position de Gournay dans les débats et la portée de son action telle que la révèlent ou l'illustrent ses mémoires et lettres.

1 / Aperçu biographique sur Vincent de Gournay

Vincent de Gournay est né en mai 1712 dans la ville de Saint-Malo, au sein d'une grande famille de commerçants. Il exerça lui-même le métier de commerçant, gérant les affaires familiales depuis Cadix en Espagne, port incontournable à l'époque dans les routes commerciales mondiales. Sa fortune faite, il entra dans la haute administration. Ses connaissances sur l'économie et le commerce intéressèrent Maurepas, secrétaire d'État à la Marine (il avait le commerce international à sa charge), lequel en fit son conseiller spécial.

Après avoir servi quelques années en tant que conseiller, Vincent de Gournay se vit offrir un poste dans la haute administration de l'économie : il devint Intendant de Commerce en 1751. Les Intendants de Commerce étaient des agents consultatifs qui échangeaient avec le ministère sur les dossiers économiques à l'étude. Gournay agissait comme référent pour les localités suivantes : Bordeaux, La Rochelle, Tours, et Limoges. Il était en outre chargé de l'industrie et du commerce de la soie.

Au sein du Bureau du Commerce, Gournay fut le seul à avoir une expérience pratique de l'économie. Il ne partageait pas avec ses collègues hauts fonctionnaires cette passion pour l'État qui était — et est restée — si typique de notre pays. Le premier, il mena la charge contre la bureaucratie. Le philosophe Melchior Grimm raconta en 1764 : « Monsieur de Gournay, excellent citoyen, disait quelquefois : "Nous avons en France une maladie qui fait bien du ravage ; cette maladie s'appelle la bureaumanie." » [1]

Dès son entrée dans l'administration, Vincent de Gournay tâcha de rapprocher le monde de l'économie de celui de la politique. Quand il démissionnera de son poste, il écrira à Trudaine, son supérieur, que telle avait été, dès le début, sa grande intention : « Je ne vous dissimulerai point, Monsieur, que lorsque j'ai désiré la charge d'Intendant du commerce, j'y ai été poussé par l'espoir de rapprocher un peu plus le commerce et les négociants des personnes en place. J'ai espéré que si cet état pouvait être vu de plus près et être plus connu des supérieurs, il acquerrait en France le même degré de faveur et de considération dont il jouit chez nos voisins. » [2] Pour cela, Gournay se fit le porte-parole des artisans et des commerçants. Il milita

---

[1] Melchior Grimm, *Correspondance littéraire*, tome IV, Paris, 1764, p.11

[2] *Infra*, p.134

pour eux en faveur de la liberté du travail et de la réduction des règlements qui pesaient sur l'activité économique.

Il souhaitait montrer que le commerce est bénéfique pour tous, que la concurrence favorise le sort des masses, contrairement aux préjugés communs que pouvaient avoir les hommes de l'administration, et qui les avaient poussés à amasser les règlements. « Ne dirait-on pas en voyant toutes ces restrictions, écrivait-il, que depuis que l'on a connu le commerce et la fabrique en France on les a regardés comme des maux contre lesquels il fallait prendre des précautions pour les empêcher de s'étendre ? » « À voir les restrictions que l'on a mises sur le commerce, faisait-il remarquer une autre fois, il faut que nos ancêtres l'aient regardé comme une espèce de drogue dont l'usage pouvait être dangereux et dont il fallait limiter les doses et n'user qu'avec précaution. » [1]

Après avoir subi bien des revers et des protestations, il démissionne de son poste et meurt en 1759, à l'âge de 47 ans.

2/ Le libéralisme de Vincent de Gournay. — La liberté du travail.

Avant qu'elle se consacre à l'expression des lois fondamentales qui guident le fonctionnement des interactions économiques entre les individus, l'économie politique se présentait comme une somme de recettes plus ou moins judicieuses à destination des Rois. Le nombre de panacées était à peine moins considérable que celui des auteurs écrivant sur ces matières. Dans la vue d'enrichir la nation et l'État, certains défendaient la protection des grands industriels et des grands mar-

---

[1] Note autographe de Gournay, archives M 88/ D1 ; cité dans Benoît Malbranque, *Vincent de Gournay ou l'économie politique du laissez-faire*, Institut Coppet, 2016

chands ; d'autres préféraient la spoliation de quelques minorités prospères, la multiplication des espèces monétaires, la création de colonies, la guerre... Pour la plupart, la richesse n'était de toute manière pas un bien à acquérir, mais à répartir : une nation ne saurait s'enrichir, affirmait-on, qu'aux dépens de ses rivales et en les appauvrissant.

Bien qu'incapable de se détacher tout à fait de cette dernière conception, Vincent de Gournay contribua à renverser les idées communes en soutenant que la base de l'enrichissement d'une nation est dans le travail, dans le travail libre, mis en concurrence et sans privilèges. Défendre un tel point de vue, c'était avancer une idée presque nouvelle. C'était soutenir que le travail est à l'origine de la valeur, à l'origine de la richesse, ce qui était éminemment en rupture avec les idées du temps. C'est ce qu'a parfaitement reconnu Simone Meyssonnier, qui écrivait qu' « en posant le travail comme élément unique de la création de richesse, Gournay a contribué à l'évolution du concept de valeur. » [1] Or cette idée rejaillira sur toute la pensée économique de ses successeurs, et tout particulièrement sur Adam Smith, qui commencera son monument, la *Richesse des Nations*, par ces mots : « Le travail annuel d'une nation est le fonds primitif qui fournit à sa consommation annuelle toutes les choses nécessaires et commodes à la vie ; et ces choses sont toujours ou le produit immédiat de ce travail, ou achetées des autres nations avec ce produit. » [2]

Reconnaissant que le travail est source d'utilité et de prospérité, Gournay en fit son étalon pour évaluer le bien-fondé des règlements économiques de son

---

[1] Simone Meyssonnier (éd.), *Traités de commerce de Josiah Child, suivis des Remarques de Jacques Vincent de Gournay*, L'Harmattan, 2008, p.xxxii

[2] Adam Smith, *Richesse des Nations*, Introduction et plan de l'ouvrage.

temps et pour juger les pratiques ou les mœurs dont il était le spectateur.

Travailler, soutenait Gournay, c'est fournir un service, c'est être utile à l'économie de la nation et à l'État. Les travailleurs méritent donc tous une grande considération, parce qu'ils sont des éléments productifs, des éléments de progrès et d'enrichissement. Ne pas travailler, en revanche, c'est peser d'un poids très lourd sur les capacités productives de la nation et de l'État, en recevant de subsides : c'est être dépendant des travailleurs et vivre à leurs dépens. Partant de cette reconnaissance de la valeur centrale du travail et de cette distinction entre travailleurs et non-travailleurs, Gournay va arriver jusqu'à une théorie de la société, à une théorie de classes. Il y a, soutient-il, trois classes dans toutes les sociétés, dont deux sont productives et une ne l'est pas. « Il n'y a dans tous les pays du monde, dit-il exactement, que deux classes d'hommes qui contribuent à en augmenter les richesses : 1° les laboureurs par la culture de la terre et ses productions, 2° les ouvriers, les artisans, les matelots et les marchands par leur industrie et par le commerce. Toutes les autres professions ne faisant point sortir de la terre et n'attirant point de l'étranger de nouvelles richesses, il est juste de dire que ceux qui les exercent vivent aux dépens et des fruits de l'industrie des laboureurs, des artisans, des matelots et des marchands. » [1] Et Gournay, parmi les improductifs, les parasites, cite les moines et prêtes, les soldats, les hommes de justice, les commis aux impôts, les receveurs des tailles, et enfin les vagabonds et fainéants.

C'est également son appréciation du travail comme fondement de la richesse qui explique ses propositions de réformes sur le régime des gens de mainmorte, auxquelles sont consacrées l'un des mémoires de notre

---

[1] *Infra*, p.63

recueil. Les gens de mainmorte étaient des personnes rassemblées en association (églises, couvents, communautés religieuses) et qui, pour des raisons diverses, étaient assujettis à une fiscalité particulière et à des restrictions quant à leur activité économique éventuelle. Vincent de Gournay réclama, pour eux, la liberté de produire et de commercialiser le fruit de leur travail. Il expliquait que la puissance productive de cette classe d'individus, qu'on rendait stérile par la loi, ne pouvait procurer aucun mal, mais qu'au contraire, le travail des gens de mainmorte pourrait produire une plus grande prospérité. Il fallait, pour cela, vaincre le « préjugé encore trop commun, qu'un homme ne saurait travailler sans nuire au travail d'un autre, tandis que dans le fait et en approfondissant la matière, on ne peut manquer de reconnaître que le travail d'un homme, bien loin de nuire à celui d'un autre, l'excite, ouvre de nouvelles routes à son industrie, l'oblige de travailler avec plus d'économie, plus de perfection et plus d'assiduité : or l'économie et l'assiduité du travail sont les principales sources de l'abondance publique. » [1]

C'est toujours parce qu'il considérait que le travail libre ne pouvait conduire qu'à l'enrichissement de la nation et de l'État que Vincent de Gournay s'opposait au régime des corporations, qui encadrait alors l'artisanat et le commerce dans les villes, ainsi qu'aux divers règlements que le pouvoir royal ainsi que ces mêmes corporations avaient entassés pour prescrire comment on devait fabriquer telle ou telle marchandise.

Selon l'historien Steven L. Kaplan, auteur de *La fin des corporations*, Vincent de Gournay doit être considéré comme le « père fondateur » et « l'initiateur » de la

---

[1] *Infra*, p.91

critique libérale des corporations. [1] Le premier, en effet, il lança le procès des institutions corporatives en France.

Gournay reprochait aux corporations d'allonger artificiellement la durée de l'apprentissage obligatoire des métiers, afin de restreindre la concurrence et de gonfler les profits des maîtres. Sous des prétextes d'intérêt général, c'est un intérêt particulier antisocial que les corporations défendaient. « Il est de l'intérêt particulier des communautés, écrivait-il, de diminuer le nombre des maîtres, c'est pour cela qu'elles prolongent les apprentissages et qu'il faut plus de temps pour devenir tireur d'or, que pour se faire recevoir docteur en Sorbonne ; ces longueurs dégoutent les aspirants. » [2]

Gournay soulignait à quel point les corporations fabriquent de la pauvreté et de l'exclusion : en dégoûtant du travail, elles favorisent l'oisiveté ; elles créent des mendiants et des vagabonds. Ces dernières activités, faisait-il remarquer, moitié ironique, moitié sérieux, attirent les recalés, les exclus du système corporatif, parce que « ces professions sont les seules que l'on puisse exercer facilement et sans frais, point d'apprentissage, point de difficulté ni de rétribution pour être reçu maître ». [3]

Il en allait de même, selon lui, des règlements tatillons sur l'industrie et le commerce. « La multitude des règlements faits depuis 50 ans sur le fait des manufactures, notait-il, les confiscations et amendes, les visites chez les fabricants ordonnés par ces règlements sont autant de choses tendant à gêner l'exercice de la fabrique, par conséquent à dégoûter du travail, en ce qu'elles mettent dans le risque de payer une amende tout homme qui ose entreprendre de travailler et de

---

[1] Steven L. Kaplan, *La fin des corporations*, Paris, Fayard, 2001, p.24
[2] *Remarques*, op. cit., p.177
[3] *Ibid.*, p.178

cesser d'être à la charge aux autres, amende qu'il n'eût pas encourue s'il fût resté à rien faire. » [1]

Au Bureau du commerce, Gournay usa de son crédit et de son influence pour soutenir la lutte contre les corporations, comme il le fit parallèlement contre les règlements sur les fabriques. Sa correspondance administrative est remplie de lettres où l'intendant du commerce soulève tel ou tel prétexte afin de réclamer une exemption de frais ou des qualités prescrites pour l'accès à la maîtrise. La principale source de refus à la maîtrise semble avoir été la qualité d'étranger, qui s'étendait, pour devenir maître à Lyon, par exemple, à tous les individus qui n'étaient pas nés dans cette ville, quoiqu'ils soient par ailleurs Français. Cette disposition, que Gournay considérait comme une absurdité, fut un des principaux motifs de ses interventions auprès du prévôt des marchands de Lyon.

Il doutait de l'efficacité et même de l'utilité des règlements, leur préférant le libre jeu des forces concurrentielles. À ce titre, ce sont tous les règlements qui sont nuisibles, tous les règlements qu'il faudrait détruire. Gournay l'affirmait hardiment : « Je soutiens qu'aucun ou très peu de nos règlements actuellement en vigueur (quoique le recueil en soit fort gros) ne tend à l'augmentation de nos manufactures. » [2]

C'est sur une fausse idée de l'économie et de la concurrence que ces règlements se fondaient. Citons les mots de Gournay : « Les règlements ont été faits, dit-on, pour empêcher le public d'être trompé ; mais le public n'achète point en corps, et ne nous a point chargé de ses affaires. Le public n'est autre chose que chaque particulier qui achète ou pour sa propre consommation, ou pour faire commerce ; dans ces deux

---

[1] *Infra*, p.77
[2] *Remarques*, p.190

cas il doit savoir mieux que personne ce qui lui convient. Laissons-le donc faire. »[1]

Tout cela formerait sans difficulté la base d'un solide programme de réformes libérales, et Gournay fut en effet l'un des initiateurs lointains d'une série de réformes, soit lors de la Révolution française, soit au cours des différents ministères qui la précédèrent. Cependant, Vincent de Gournay tenait à son milieu et à son siècle par toute une série de liens, qui troublent le sens de son propos et nous obligent à tempérer le vocable de « libéral » qu'on peut être enclin à lui appliquer.

3/ Un libéralisme fait de nuances

Les catégories des historiens : libéralisme, mercantilisme, physiocratie, etc., sont incapables de rendre à sa juste mesure la richesse et la complexité de la pensée de nombreux économistes. Vincent de Gournay, défenseur du laissez faire mais libre-échangiste pour le moins timide, avocat des droits individuels mais partisan de l'esclavagisme des Noirs, est un exemple de cette complexité.

Le mercantilisme, le protectionnisme, Vincent de Gournay les tire des idées de son temps, tant celles des marchands et commerçants qu'il fréquenta à Cadix, que celles des économistes. Richard Cantillon, dont Gournay admirait l'*Essai sur la nature du commerce en général*, suggérait que la richesse d'une nation s'obtenait au détriment de ses rivales et qu'il fallait user légitimement de certains moyens légaux pour se protéger. Josiah Child, pareillement, restait accroché au mercantilisme le plus étroit. Il avait l'ambition de supplanter les Hollandais, meurtri qu'il était par le développement remarquable de leur marine marchande et de leur

---

[1] *Infra*, p.78

prospérité. Gournay avait les mêmes ambitions vis-à-vis de l'Angleterre et de la Hollande.

Gournay soutenait, à la suite des auteurs mercantilistes, qu'il existe certains commerces qui sont bénéfiques pour la France, d'autres qui lui sont néfastes. Il considérait en outre que les gains qu'une nation fait dans le commerce international se font au détriment des autres nations. Pour cette raison, « un moyen sûr de resserrer le commerce chez l'étranger, c'est de l'étendre et de le faciliter chez soi. » [1] Ce principe, qui était la suite d'une mauvaise observation des faits, lui fit défendre des mesures les plus agressives. Le titre d'un de ses mémoires est même édifiant : « Moyens simples de nuire aux Anglais en nous fortifiant ». [2] Le titre du mémoire illustre le présupposé très faux à partir duquel raisonne ici Gournay. Et quelles conséquences tire-t-il ! Pour affaiblir l'Angleterre, il faut se passer de leur tabac, et aider nos colonies à employer des nègres pour nous en fabriquer ! « Il n'y a aucun inconvénient à entreprendre dès à présent d'encourager ouvertement la culture du tabac à la Louisiane, afin de nous passer de l'Angleterre et de nous enrichir en l'affaiblissant. » [3] Gournay est incapable d'apercevoir que si les Anglais s'enrichissent, ils nous achèteront davantage de nos produits et répandront leur prospérité au-delà de toutes les mers. C'est ce qu'un contemporain de Gournay, le marquis d'Argenson, avait bien compris, lui qui écrivait : « Il est temps de prendre parti, toutes les nations nous haïssent et nous envient. Et nous, ne les envions pas, si elles s'enrichissent : tant mieux pour elles et aussi pour nous ; elles nous prendront davantage de nos denrées, elles nous apporteront davantage des leurs et de leur argent. Détestable principe que celui de ne vouloir notre gran-

---

[1] *Infra*, p.86
[2] *Infra*, p.111
[3] *Infra*, p.114

deur que par l'abaissement de nos voisins ; il n'y a là que la méchanceté et la malignité du cœur de satisfaites dans ce principe, et l'intérêt y est opposé. »[1]

Marchant dans les pas de Josiah Child, Gournay soutenait la proposition qu'il fallait un Acte de Navigation à la France. Par cet acte, par ce traité de commerce, la France se mettrait d'accord avec certaines nations commerçantes, sur des dispositions relatives aux douanes, à la navigation, etc. À défaut de rendre l'économie française la plus attractive possible, ce qu'il n'espérait pas d'accomplir d'un coup, ni même avant longtemps, il souhaitait qu'une négociation fixe les « termes de l'échange » entre les principales puissances économiques européennes, afin de s'assurer un commerce avantageux.

Obnubilé par la concurrence commerciale avec l'Angleterre et la Hollande, Gournay soutient aussi la réduction du taux de l'intérêt comme étant une mesure nécessaire pour permettre aux Français de soutenir la concurrence des nations rivales qui, comme l'Angleterre ou la Hollande, bénéficient d'un loyer de l'argent plus bas que chez nous.

4/ *Vue générale des* Mémoires et lettres

Les doctrines économiques de Gournay, dans leur éclectisme, et parfois même dans leurs contradictions, s'offrent au lecteur contemporain dans cette édition de ses *Mémoires et lettres*.

Comme le laisse supposer le titre même de cette compilation, on y trouvera deux types de documents de nature assez différente : en premier lieu des mémoires, portant chacun sur un sujet précis, et qui furent composés pour la plupart à l'occasion de délibéra-

---

[1] *Mémoires du marquis d'Argenson*, éd. Jannet, t. V, p. 369.

tions au Bureau du Commerce, Gournay cherchant à préciser sa pensée et, l'ayant fixée, à présenter ses vues à ses collègues et à ses supérieurs. Ces mémoires sont suivis de trois lettres personnelles de Vincent de Gournay et d'une correspondance administrative nettement plus substantielle, puisqu'elle forme un fonds de plus de cent-vingt lettres.

Les mémoires permettent de plonger dans la densité des réflexions de Gournay. Le mémoire sur les communautés de métiers, l'une des premières, si ce n'est la première véritable charge contre le système des corporations jamais lancée par un économiste français, nous introduit au milieu des abus de ces corps professionnels. Tout en nous faisant comprendre la raison de leur abolition complète sous Turgot puis sous la Révolution française, ce mémoire peut aussi nous questionner sur quelques-uns de nos travers contemporains (la liberté du travail n'existant plus chez nous que très partiellement) et détruire l'attrait des institutions du « bon vieux temps ». Autre mémoire dont les ponts à tirer avec notre époque sont nombreux : celui portant sur la contrebande. Selon l'intendant du commerce, on ne naît pas foncièrement mauvais et aucune société n'est condamnée à abriter des malfrats. Si les penchants d'une minorité d'hommes les poussent dans la criminalité, l'extrême majorité préfère la voie légale, pour peu qu'elle soit ouverte, et pour peu qu'elle ne soit pas plus contraignante que la voie illégale. S'il est plus difficile de faire passer légalement les marchandises à la frontière, qu'il ne peut l'être de le faire illégalement, comment s'étonner que le nombre de contrebandiers n'augmente ? Il est de la responsabilité de la puissance publique, dit Gournay, d'assurer la plus grande sûreté, la plus grande liberté, et la plus grande immunité au commerce libre, si l'on souhaite se prémunir de la contrebande.

Les aspects protectionnistes et mercantilistes de notre auteur se font également jour dans nombre de

INTRODUCTION

mémoires, tout particulièrement dans le « Mémoire sans titre sur quelques moyens de faire fleurir le commerce », et dans le mémoire exposant les « Moyens simples de nuire aux Anglais en nous fortifiant ».

La correspondance personnelle de Gournay, extrêmement fragmentaire, malgré les nombreux liens qui unissaient l'intendant du commerce à la plupart des économistes de son temps, nous renseigne tout de même sur le rôle que s'assignait Gournay en entrant dans l'administration et sur les idées qu'il cherchait à y faire triompher. C'est cependant vers la correspondance administrative du Bureau du commerce, touchant à des sujets pour le moins variées, qu'il faudra se tourner pour trouver les traces des démarches entreprises par Gournay pour faire avancer son pays dans le sens de la liberté et de la protection qu'il défendait. Pendant à son libéralisme théorique, original et fait de nuances, c'est un libéralisme pratique, d'actions concrètes et pour ainsi dire quotidiennes, que cette correspondance documente et illustre. Elle finit de convaincre que malgré ses contradictions ou ses atermoiements, Vincent de Gournay s'appliqua à agir en faveur de la réforme des maux de l'économie française de l'Ancien régime, et qu'il mérite, à ce titre aussi, un crédit qu'on lui a encore que trop rarement accordé.

Benoît Malbranque

Première partie

Mémoires de Vincent de Gournay

**Mémoire sans titre sur quelques moyens
de faire fleurir le commerce**

Sans date (vers 1747)

Il y a longtemps que l'on parle de paix, et toutes les puissances qui sont intéressées à la guerre paraissent si fort en souhaiter la fin, qu'on peut se flatter que le moment où il sera question de traiter de cette paix tant désirée n'est pas éloigné.

Quand cet heureux moment viendra, ce sera la nation qui saura se procurer à la paix le plus d'avantages pour son commerce, qui deviendra la plus riche et dès lors supérieure aux autres ; ce sera elle qui conservera dans l'Europe une plus grande considération pendant que cette paix durera et qui pourra renouveler la guerre avec une plus grande supériorité, lorsque les conjonctures ou le bien de ses affaires l'y engageront.

Nous aurons à disputer ces avantages du commerce avec deux nations (les Anglais et les Hollandais), qui ne connaissent point d'autre intérêt que celui-là, et qui ne le séparent jamais de celui de leur État. Ce ne sera donc qu'en étant, comme eux, bien persuadés de la nécessité de ne céder aucuns des points qui peuvent être avantageux à notre commerce et qu'avec une ferme résolution de la part des ministres du Roi de lui procurer par le traité de paix tous les accroissements et tous les avantages possibles que nous pourrons nous flatter d'assurer à l'État les richesses que l'on doit naturellement se promettre des suites de la paix, et les empêcher de rouler chez ces deux nations nos voisines et nos rivales, plus abondamment que chez nous.

La situation du Royaume est si heureuse, ses productions si abondantes et variées, ses habitants si industrieux, que pour peu que le gouvernement s'attache à mettre tous ces avantages en valeur, il est indubitable que nous ne poussions le commerce de la nation au plus haut point où il ait été porté par aucune nation du monde ; mais comme la base de tout commerce étendu est la marine, ce ne sera qu'en s'attachant sérieusement à augmenter celle du Roi que l'on pourra se flatter de faire fleurir notre commerce autant que des nations qui sont toujours prêtes à mettre de nombreuses flottes à la mer, lorsqu'il s'agit de protéger les leur. Or pour faciliter au Roi le moyen d'équiper promptement des puissantes flottes, il faut procurer aux sujets la navigation la plus étendue qu'il est possible, qui formera nécessairement un grand nombre de matelots.

C'est à l'acte de navigation qui depuis près de cent ans est en vigueur en Angleterre, que les Anglais doivent principalement cette puissante marine. Cet acte défend qu'aucune nation étrangère puisse apporter sur ses vaisseaux d'autres marchandises que celles du cru de son pays, ce qui en diminuant la navigation des étrangers en Angleterre, favorise celle des Anglais mêmes, qui vont chercher sur leurs vaisseaux ces mêmes marchandises auxquelles ils ferment l'entrée de leurs ports lorsqu'elles viennent sur des vaisseaux étrangers. Il est à présumer qu'une pareille loi serait suivie chez nous de mêmes effets ; elle produirait du moins cet avantage qu'elle augmenterait notre commerce direct avec les nations du Nord, en diminuant celui qu'elles font avec nous par l'entrepôt des Hollandais dont nous devons chercher à diminuer les avantages, cette nation étant comme les Anglais l'ennemie née de notre commerce.

MOYENS DE FAIRE FLEURIR LE COMMERCE

La pêche est encore un moyen essentiel d'entretenir dans le Royaume une pépinière d'excellents matelots. La bonté des climats où elle se fait exerce et forme l'homme de mer sans le détruire. De toutes les pêches celle de la morue est la plus avantageuse à l'État ; elle seule fait circuler tous les ans dans le Royaume plus de 10 millions d'argent effectif qui sont produit par un peu de sel et par le travail des hommes employés à la pêche du poisson, par conséquent presque toute la valeur du commerce est en pure bénéfice. C'est pour cela que tous ceux qui s'intéressent véritablement au bien de l'État n'ont pu voir sans une extrême douleur le coup mortel que (malgré les représentations et tous les soins du ministre qui est à la tête des affaires de la marine, pour le parer) les Anglais ont porté ce commerce en nous enlevant Louisbourg, place dont il est impossible d'estimer la perte, et qui par cela même doit être si précieuse au gouvernement qu'il n'est pas à présumer que l'on fasse la paix sans se la faire rendre. Sans cela les Anglais que nous voyions ci-devant à regret partager avec nous le commerce de la morue le feront bientôt seuls et s'attirant les avantages qu'il nous procurait, nous deviendrons les témoins de la destruction de notre marine faute de matelots pour la soutenir.

La pêche de la baleine qui se faisait à Bayonne et à St.-Jean de Luz était encore une ressource que nous avons perdue, pour former un grand nombre de bons matelots ; une suite de malheurs causés par la difficulté d'aborder dans ces deux ports ont rebuté les habitants et les ont forcés d'abandonner ce commerce, qui est presque entièrement passé chez les Hollandais, en sorte qu'ils nous vendent tous les ans des fanons pour des sommes considérables et se font par là des matelots à la place des nôtres. Il serait à souhaiter que l'on pût rétablir cette pêche et qu'il se formât pour cela une

Compagnie qui fût en état de soutenir quelques pertes ; on pourrait l'établir à Bayonne et peut-être encore plus utilement à Dunkerque. Cette côte voisine des Hollandais produit d'aussi bons matelots et accoutumés au froid comme les leurs. Ils nous mettraient bientôt en état de nous pourvoir de baleine sans l'aller chercher en Hollande.

Nous avons encore un vaste et presque nouveau champ pour exercer les matelots avec un grand avantage pour l'État : c'est le commerce de la mer Baltique. Nous sommes depuis longtemps témoins des avantages que les Anglais et les Hollandais retirent du commerce de la Russie, et nous n'avons point encore fait à l'exemple de ces deux nations de traité de navigation et de commerce avec cette puissance. Les avantages que le Royaume en peut retirer sont dignes de l'attention du Roi ; il semble même que la nature ait voulu nous ouvrir avec cette nation tous les moyens d'un commerce direct, puisqu'ils ont besoin de nos productions, et qu'il y en a beaucoup des leurs dont nous ne saurions nous passer. Les Hollandais se sont entremis entre les Russiens (*sic*) et nous ; ils vont chercher chez eux la graine de lin, le chanvre, les bois propres à la construction, les mâts, le goudron qu'ils nous apportent, et ils portent aux Russiens (*sic*) les sucres, les vins et les eaux-de-vie qu'ils prennent chez nous ; ils gagnent sur le prix des productions des uns et des autres, et ils gagent encore les frais du transport qu'ils en font par leurs vaisseaux ; ces frais sur des effets d'un pareil volume excèdent la valeur principale, et nous payons par là aux Hollandais une partie considérable de leur marine et de leurs matelots, tandis qu'en établissant une navigation directe avec la Russie, nous pourrions détourner à notre profit tous ces avantages dont les suites deviendraient chaque jour plus considérables, en ce que la facilité d'un commerce suivi procurerait encore de ce côté-là un débouché à nos manufactures ; nos draps, plusieurs de nos autres étoffes s'y transporteraient et nous pourrions bientôt partager avec les Anglais l'avantage de pourvoir aux besoins d'un pays aussi vaste et aussi peuplé.

L'état brillant où a été porté le commerce dans nos colonies avant la guerre et les fortunes considérables qui s'y sont faites depuis la paix d'Utrecht font assez voir combien il est important de protéger des établissements aussi utiles et qui font l'objet de l'envie de toute l'Europe ; mais comme on ne peut mettre les habitations de ces colonies en valeur que par le secours des nègres que nous y transportons de la côte de Guinée, il est d'une extrême importance de ne rien négliger pour protéger les établissements que nous avons sur cette côte qui facilitent la traite des noirs et pour empêcher que les Anglais qui sont eux-mêmes extrêmement jaloux de ce commerce n'introduisent dans nos colonies des noirs en contrebande, puisque ce commerce illicite tend visiblement à la diminution de notre navigation et de notre commerce en Guinée, qui outre le rapport qu'il a avec la conservation de nos colonies, serait par lui-même fort lucratif, si l'on pouvait empêcher les introductions des Anglais dans nos îles.

Plût à Dieu que connaissant tous les avantages que nous pouvons retirer de nos colonies en Amérique, nous nous appliquassions sérieusement à les cultiver. Nous sommes les maîtres de pays immenses qui restent en friche qui nous procureront d'aussi bon tabac que celui que nous nous sommes mis dans la nécessité d'aller chercher chez les Anglais, ce qui fait que même en temps de guerre nous leur donnons des armes contre nous en contribuant à l'entretien de leur navigation. Le tabac que nous pourrions retirer de nos colonies emploierait plus de cinquante vaisseaux, qui diminueraient d'autant la navigation des Anglais ; d'ailleurs nous ferions circuler chez nous un argent que nous portons chez nos ennemis. Cet objet est si important qu'il n'y a rien qu'on ne doive faire pour affranchir la nation du tribut où elle est assujettie envers les Anglais, et par la manière dont on se procure actuellement le tabac nécessaire à la consommation du Royaume.

Nous faisons en Espagne un commerce aussi considérable qu'il est utile à la nation. Ce pays et les Indes occidentales tirent une grande quantité de toutes sortes d'étoffes et autres marchandises du Royaume qui sont remplacées par de l'argent effectif. On ne saurait donc apporter trop d'attention à protéger une branche de commerce aussi précieuse à l'État ; les ministres par un zèle que l'on ne saurait trop louer ont profité de la guerre entre l'Angleterre et l'Espagne, pour établir en France diverses manufactures d'étoffes de laine à l'imitation des étoffes anglaises qui ont bien réussi et qui pourront détourner au profit du Royaume une partie des sommes qui passaient ci-devant d'Espagne en Angleterre ; mais comme il n'est pas douteux que les Anglais ne fassent leurs efforts après la guerre pour renverser les nouveaux établissements, on ne saurait être trop attentifs à les protéger ; un des moyens les plus utiles pour cela serait d'obtenir une modification sur les droits de ces mêmes étoffes, en sorte qu'on pût les introduire en Espagne avec moins de droits que n'en payent les Anglais pour les étoffes de la même espèce. Il serait à souhaiter en général que l'on pût obtenir une modération de droits sur toutes les marchandises des manufactures de France qui sont transportées en Espagne et que le tarif en fût fixé et inaltérable.

Il serait aussi d'une grande nécessité que l'on pût parvenir à obtenir de la cour d'Espagne la libre extraction de l'argent en payant un droit fixe ; sans cela il arrive souvent qu'un sujet du Roi qui a été pendant huit ou dix ans en débours de son capital le perd avec les profits, lorsqu'il entreprend de le faire revenir en France ; il n'est pas de l'intérêt de l'État que ceux qui négocient en Espagne ne puissent faire rentrer en France un bien qui leur appartient. On a si bien senti la nécessité de remédier à cet inconvénient dans tous les temps, que les ministres du Roi à la cour d'Espagne ont été souvent chargés de négocier cette liberté de l'extraction, mais malheureusement tous leurs soins à cet égard ont été jusqu'à présent sans fruit. Il faut espérer que les deux couronnes étant plus étroitement unies qu'elles ne l'ont jamais été en juin 1746, on parviendra enfin à obtenir un point aussi juste et aussi nécessaire, et sans lequel il n'y a jamais une parfaite sûreté à négocier en Espagne.

Une des choses qui peut encore le plus contribuer à la sûreté du commerce en Espagne et partout ailleurs, c'est que le pavillon français y soit respecté. Nos vaisseaux marchands et même leurs chaloupes et leurs canots étaient autrefois en possession de n'être point visités ; aujourd'hui on les visite à Cadix sous le plus léger prétexte et même souvent sans aucune formalité. On ne saurait trop insister sur la réformation de cet abus qui est d'un préjudice infini pour le commerce ; le moyen le plus sûr de le faire cesser est d'envoyer souvent dans la baie de Cadix et dans les autres ports où nous faisons du commerce des vaisseaux du Roi qui fassent respecter le pavillon de Sa Majesté et en soutiennent la dignité.

En général on doit accorder une protection continuelle d'Espagne, puisque c'est sans contredit le plus avantageux pour le Royaume, celui qui y fait entrer le plus d'argent effectif et avec le plus d'avantages pour la nation.

Nous n'avons qu'un commerce médiocre au Portugal, et qui n'est même parvenu au point où il est aujourd'hui que depuis l'établissement de nos nouvelles manufactures à l'imitation de celles d'Angleterre. Il serait à souhaiter qu'on pût parvenir à conclure un traité de commerce déjà ébauché avec cette puissance ; l'on en retirerait les mêmes avantages que du commerce d'Espagne en faisant rentrer des matières d'or en payement de nos productions ; ces avantages sont d'autant moins à négliger qu'en attirant une partie de cet or chez nous, il en irait d'autant moins chez les Anglais.

Notre commerce dans le Levant par l'heureuse situation de Marseille et par l'attention de nos ministres à le faire fleurir est supérieur à celui des autres nations de l'Europe ; nos draps y ont presque entièrement fait tomber la consommation des draps des Anglais. La continuation des mêmes attentions nous conservera la jouissance des mêmes avantages.

Je ne parle point du commerce de la Compagnie des Indes ; l'envie avec laquelle elle est regardée des deux nations nos rivales prouve seule la nécessité de la conserver, et que tous les avantages qu'on lui procurera rejailliront immédiatement sur l'État.

Après avoir touché les branches les plus importantes du commerce du Royaume, il reste à traiter des moyens de les faire fleurir toutes et d'en faire pousser de nouvelles. Un des plus efficaces serait de diminuer l'intérêt de l'argent aussitôt qu'on le pourra ; pour ne pas entrer dans une trop longue discussion sur ce point, il suffit d'observer que l'intérêt de l'argent étant ordinairement en Hollande et en Angleterre à 3 et 4%, nous négocions vis-à-vis de ces deux nations avec un désavantage marqué. L'Hollandais qui entreprend un commerce qui au bout de l'année lui rapporte 6% le continue l'année suivante, parce qu'il a doublé l'intérêt de son argent ; le Français qui a entrepris le même commerce est obligé de l'abandonner à la fin de la première année, parce qu'il n'a rien gagné. D'ailleurs la diminution de l'intérêt de l'argent est un bien réel pour l'État ; elle augmente la valeur des biens-fonds et des effets publics ; elle verse dans le commerce une plus grande quantité d'espèces, en augmente la circulation et l'industrie des habitants ; enfin elle est avantageuse au Roi comme au particulier. La grandeur du commerce des Anglais est datée des époques où ils ont diminué l'intérêt de l'argent.[1] Ils n'ont point attendu que l'abondance de l'argent amenât la réduction de l'intérêt, mais la réduction de l'intérêt a produit chez eux l'abondance de l'argent.

Un autre moyen nécessaire pour tourner l'esprit de la nation au commerce et par là l'étendre davantage serait d'accorder un peu plus de distinction et de considération à ceux qui le font ; peu de gens à Paris distinguent le négociant qui fait mouvoir les flottes, et qui en secourant le pays étranger enrichit le sien d'avec le marché en détail, dont les opérations utiles quoique bornées se réduisent à revendre un peu plus cher à Paris et dans les provinces le drap et le galon qu'il fait venir de Lyon et de Louviers.

On ne peut s'empêcher d'être surpris d'entendre tous les jours en France les gens les moins versés dans le commerce, exalter la grandeur de celui des Anglais et des Hollandais et témoigner une sorte d'admiration pour les négociants de ces deux nations, tandis qu'ils semblent ignorer que la même profession produit à leur pays les mêmes avantages, et que leur compatriote qui l'exerce devrait mériter la même estime qu'ils ac-

---

[1] L'intérêt de l'argent a été graduellement réduit en Angleterre sous Elisabeth, Jacques Ier et Charles Ier, etc.

cordent aux étrangers. La source d'une façon de penser aussi singulière ne viendrait-elle point de la différence dont le commerce est regardé chez ces deux nations et parmi nous ?

En Angleterre le commerce a été longtemps la ressource des cadets des maisons les plus illustres ; un négociant devient membre du Parlement et partage avec le Roi et la noblesse le gouvernement de sa nation. [1]

En Hollande où les négociants composent presque la République entière, ils y remplissent les premières places ; de pareilles distinctions jointes à l'utilité que produit le commerce y retiennent ceux qui l'ont embrassé et y attirent les autres.

En Espagne un négociant devient un homme titré, sans être obligé de renoncer à sa profession.

Tous les états dans le Royaume offrent des points de vue à ceux qui les ont embrassés, qui les y retiennent ; un avocat peut parvenir aux premières dignités de la robe ; un soldat aux plus grands honneurs de la guerre ; le négociant seul ne voit dans sa profession ni honneurs ni distinctions pour lui, et il est obligé de l'abandonner s'il veut parvenir à ce qu'on appelle en France être quelque chose. L'état de négociant n'y mène à rien qu'aux richesses, et il semble que lorsqu'on les a obtenues, ce soit une raison pour le quitter.

Le Français acquiert à peine une fortune au-dessus de la médiocre, que honteux de n'être que riche, il se presse d'abandonner la carrière où il l'est devenu pour acheter une charge, dans laquelle il est rarement aussi utile à sa patrie que dans sa première profession ; c'est souvent l'amour de ses enfants qui le détermine à

---

[1] J'ai vu un fils de M. Walpole apprendre le commerce à Amsterdam chez M. Clifford.

changer d'état. Il croit suivant le préjugé de la nation qu'ils débuteront plus avantageusement dans le monde, comme fils d'un homme de robe que comme fils d'un négociant. Si le père au-dessus du préjugé reste jusqu'à la mort dans l'état où il a acquis ou augmenté sa fortune, son fils qui en hérite croit devoir aller chercher dans la robe ou dans l'épée les prérogatives et la distinction qu'il ne trouve point dans l'état de son père.

Les suites d'une pareille façon de penser sont préjudiciables à l'État, en ce que les fonds acquis par le commerce se perpétuant rarement dans une même famille, les fortunes ne deviennent jamais assez considérables pour l'étendre au point où il serait à souhaiter. S'il était permis aux négociants d'aspirer à remplir les charges qui sont faites pour veiller à la conservation et à l'accroissement du commerce, l'espérance d'occuper ces places honorables dans lesquelles les connaissances acquises dans leur profession les rendraient utiles les attacherait au commerce, et y retiendrait les plus riches ; en quoi il n'est pas douteux que l'État y gagnât, car un homme qui a de gros fonds peut exécuter des entreprises auxquelles un autre qui n'en a que de médiocres n'oserait penser.

Il serait à désirer aussi que la haute noblesse et les personnes les plus distinguées de la robe prissent des lumières sur le commerce, et ne dédaignassent pas de s'intéresser dans les entreprises des négociants et de l'avouer. Les connaissances qu'ils acquerraient par là leur feraient désirer de contribuer à l'avancement du commerce, et le protéger dans les emplois importants qui leur sont confiés. Ce serait surtout dans les ambassades dans les pays étrangers où les lumières qu'ils auraient acquises sur ce point les mettraient à même de servir utilement l'État, l'objet le plus important de leurs missions étant souvent de veiller aux avantages du commerce du Royaume ; rien d'ailleurs ne serait plus propre à répandre un certain lustre sur l'état de négociant, et n'encouragerait davantage la nation à se porter au commerce que de voir les plus grands seigneurs du Royaume vouloir s'en instruire et y risquer quelquefois une partie du superflu de leur bien.

Mémoire sur les communautés de métiers adressé à la Chambre de commerce de Lyon

Février 1753

Les contestations actuellement pendantes au bureau du commerce, entre les communautés des tireurs d'or, des guimpiers, des fabricants et des passementiers de la ville de Lyon et intéressant non seulement le commerce de cette ville, mais encore le bien et l'avantage du royaume en général, on ne peut en chercher la cause avec trop de soin.

On trouve l'origine de cette division dans celle des communautés mêmes. En effet, comment a-t-on pu se flatter qu'on pourrait diviser en professions aussi analogues et dépendantes en quelque façon les unes des autres pour la composition et la perfection des étoffes sans les mettre dans le cas d'entreprendre tous les jours l'une contre l'autre, et de là se regarder toujours comme ennemies et, au lieu de concourir à étendre le commerce, ne s'occuper qu'à se détruire les unes les autres et avec elles la totalité du commerce de Lyon. Tel est l'esprit qui a animé ces communautés, et depuis leur origine il n'y a qu'à feuilleter leurs registres pour se convaincre que les ennemis naturels d'une communauté sont toutes les autres communautés, que les procès entre elles sont aussi anciens que leur établissement et que la procédure leur est devenue presque aussi familière que leur profession même. Mais avant que de nous étendre davantage sur les inconvénients de ces communautés, remontons à leur origine et examinons si leur division et leurs statuts ont été dictés par l'intérêt du commerce et du bien public ou si cette division n'a été que l'effet de l'intérêt particulier.

Lorsque les fabriques de soieries passèrent d'Italie à Lyon, il est à présumer qu'elles furent d'abord libres et sans cette liberté, elles n'auraient pu s'y établir et y fleurir comme elles le firent. Les progrès qu'elles y firent bientôt sous la protection de François Ier ayant de beaucoup multiplié le nombre des ouvriers dans les différentes parties nécessaires à la confection des étoffes et ceux-ci imaginant que plus ils se multiplieraient et plus la main-d'œuvre diminuerait, ce qui rendrait la profession moins lucrative pour ceux qui étaient déjà en possession de l'exercer, afin d'en rendre l'entrée plus difficile aux aspirants, ils s'avisèrent d'abord de renfermer dans une même classe ou communauté, les ouvriers qui s'étaient plus attachés à une certaine partie de la fabrique qu'à une autre et pour rendre ensuite l'admission dans chacune de ces classes plus difficile, ils imaginèrent les maîtrises et exigèrent qu'avant d'y parvenir on ferait de longs apprentissages qui furent encore prolongés par le compagnonnage. Tous ces passages, retardant la maîtrise, facilitaient aux anciens maîtres le moyen d'augmenter le prix des étoffes et diminuant l'ardeur avec laquelle on se portait à prendre l'art de la fabrication, rendaient les étoffes plus rares et plus chères, par conséquent plus profitables à ceux qui se trouvaient déjà en possession de les fabriquer.

Les divers fabricants, après avoir fait entre eux de pareilles lois que l'intérêt particulier seul avait dictées, s'adressèrent au gouvernement pour en obtenir la confirmation. Il leur fut d'autant plus facile de réussir qu'on fit aisément entendre à un gouvernement qui n'avait aucune connaissance du commerce, que ce qu'on ne demandait que pour l'avantage particulier de chaque communauté était pour l'avantage public et du commerce en général. On se persuada avec d'autant plus de facilité que la fabrique fleurissait, on accorda donc aux communautés la confirmation de leurs états et de leurs règlements sans réfléchir au monopole qu'on commençait par là à leur donner contre le public.

Les premières époques de ces statuts furent sous Henri II, Henri III et Henri IV, temps de trouble et auxquels les principes du commerce étaient d'autant plus inconnus, qu'alors nous n'avions d'autres concurrents dans la fabrique que les Italiens auxquels nous l'avions enlevée. Peut-être même le gouvernement d'alors vit-il se former avec plaisir des corps riches dont on pourrait tirer ce qu'on appelle des ressources. En effet, dans les besoins de l'État on leur a toujours demandé de grosses sommes quand on les a autorisés d'emprunter ; en les fournissant ils n'ont pas manqué de demander de nouveaux privilèges toujours avantageux à leur corps particulier et par là même préjudiciable au public ; on leur a accordé ces privilèges avec d'autant plus de facilité qu'on les a regardés comme une compensation des sommes qu'on leur demandait. C'est ainsi que d'un côté les besoins de l'État et de l'autre l'attention des communautés en profitant pour étendre leurs privilèges, a fait envahir par des corps particuliers la liberté de la fabrication et l'industrie publique. Un abus en entraîne toujours un autre, les subdivisions furent encore augmentées, on priva l'ouvrier de la liberté qu'il avait naturellement de vendre ce qu'il fabriquait, on imagina que pour vendre il fallait avoir la qualité de marchand, on la fit acheter fort cher, nouveau monopole contre l'ouvrier et sur l'étoffe parce qu'on veut toujours retrouver sur ce qu'on vend ce qu'il en coûte pour avoir la permission de vendre.

L'ouvrier, ne pouvant plus vendre en recevant le loyer du marchand, se trouva bientôt en trop grand nombre ; on crut y remédier en réduisant le nombre des apprentis que chacun pourrait avoir, ce qui, ayant nécessairement réduit avec le temps celui des ouvriers, leur a donné à leur tour l'occasion d'exercer un monopole contre les fabricants et de se liguer entre eux pour faire des cabales et pour obtenir des augmentations de salaire. Quel a été l'effet de tout cela ? De renchérir considérablement nos étoffes, de leur donner une valeur factice qu'elles n'auraient pas eu si on avait laissé à chacun la liberté d'avoir autant d'apprentis qu'il eût voulu, de fabriquer et de vendre.

Cependant, nos manufactures et nos fabriques prospérèrent au milieu de tous ces abus, tandis que nous n'eûmes point de concurrents. Mais, en 1683, une partie des sujets du Roi étant passés en Angleterre, en Hollande, en Allemagne, y portèrent avec eux leur industrie et nos fabriques. Ils les portèrent avec d'autant plus d'avantage pour l'étranger qu'ils laissaient chez nous les maîtrises, les communautés, la longueur des apprentissages et les statuts et que l'industrie passa seule et affranchie de toutes ces entraves.

Ces nouveaux fabricants furent reçus à bras ouverts dans les pays où ils allèrent s'établir, mais surtout en Angleterre et en Hollande ; ils peuplèrent Cantorbury et ils formèrent à Londres un faubourg connu sous le nom de Spintelfield, où se fabriquent les plus belles étoffes de soie, d'or et d'argent. On ne leur demanda pas s'ils étaient maîtres et s'ils avaient fait leur apprentissage ; on laissa fabriquer qui voulut, et à l'abri de cette liberté ils firent bientôt des élèves qui égalèrent et surpassèrent leurs maîtres ; on le fit dès qu'on se trouva assez industrieux pour fabriquer mieux, pour ne pas se ruiner en faisant des étoffes qu'ils étaient forcés de vendre à perte. Ceux qui passèrent en Hollande y

SUR LES COMMUNAUTÉS DE MÉTIERS

firent le même progrès à l'abri de la même liberté. Les Anglais et les Hollandais, persuadés qu'une chose se conserve par le même principe qui l'a établie, n'ont point songé à donner des règlements et à établir des maîtrises dans leurs nouvelles fabriques, et les habitants de Spintelfield et les fabricants d'Amsterdam jouissent encore aujourd'hui de la même liberté dont jouirent chez eux les auteurs de la fabrique ; cependant, l'Angleterre, pour favoriser ces nouveaux établissements, faisait des lois pour empêcher l'entrée et l'usage de nos galons, de nos soieries et de nos étoffes d'or et d'argent. À l'abri de cette protection, les étoffes augmentèrent et se multiplièrent si fort que les Anglais qui, en 1683 et auparavant, tiraient de France pour 12 millions de galons et de soieries, se pourvurent bientôt dans leurs propres pays, en sorte qu'ils sont parvenus à se passer presque tout à fait des nôtres ; et aujourd'hui ils nous en fournissent. Les nouvelles fabriques se multiplient de même en Hollande. Bientôt les Anglais, qui tiraient tous les ans pour 8 millions de nos étoffes de Lyon, de Tours et de Paris qu'ils revendaient en Allemagne et dans les autres pays étrangers, ne tirent presque plus des nôtres ; ils substituèrent les leurs et nous en vendent aujourd'hui considérablement à nous-mêmes.

Des pertes aussi considérables pour l'État et qui tombaient encore plus particulièrement sur la ville de Lyon, ne tardèrent pas à s'y faire sentir. Chaque communauté qui s'apercevait que son commerce diminuait s'imagina qu'il ne diminuait que parce qu'une autre avait entrepris sur la partie qu'elle s'était attribuée, de là leur division, de là les chicanes qui chargèrent encore la fabrique de nouveaux frais, car il fallut plaider et sur quoi prendre les frais ? si ce n'étaient les ouvriers et les fabricants, et ceux-ci ne purent les retrouver eux-mêmes qu'en les faisant retomber sur les étoffes, ce qui en donnant aux nôtres un nouveau désavantage vis-à-vis des étrangers qui fabriquaient librement et sans procès, augmentait encore leur fabrique et diminuait les nôtres.

Les fabriques des étrangers augmentant toujours et les nôtres diminuant à proportion, les ouvriers manquèrent bientôt d'ouvrage, et murmurèrent ; on crut remédier au mal en limitant le nombre des métiers, en défendant d'employer des compagnons forains et étrangers, des filles et femmes foraines et étrangères, de faire aucun apprenti étranger, c'est-à-dire qui ne fût pas né à Lyon ni dans les faubourgs. Enfin on défendait cinq ans de prendre pour apprentis même des enfants de la ville.

On défendit même par de précédents règlements de recevoir des apprentis mariés, article indécent qui éloigne des arts les gens qui ont le plus besoin de les exercer pour se soutenir eux-mêmes et leur famille. Quel a été l'effet de toutes ces restrictions ? De réduire le nombre des ouvriers et des fabricants, de mettre par conséquent la fabrique entre les mains d'un plus petit nombre, de diminuer par là la concurrence, et de donner plus de facilité aux ouvriers d'exercer un monopole contre les fabricants, et à ceux-ci d'en exercer un autre à leur tour contre le public en renchérissant le prix de leurs étoffes. Ne dirait-on pas en voyant toutes ces restrictions que depuis que l'on a connu le commerce et la fabrique en France on les a regardés comme des maux contre lesquels il fallait prendre des précautions pour les empêcher de s'étendre ? Mais pendant que la ville de Lyon se prêtait à la cupidité de ses communautés, elle éloignait d'elle le commerce et favorisait la fabrique de Londres et d'Amsterdam, où les étrangers étant reçus et se trouvant tout à la fois maîtres et marchands étendaient les fabriques de ces deux villes et en faisaient diminuer le prix, tandis que celui de nos étoffes fabriquées par un plus petit nombre de gens augmentait, car c'est une maxime que la multiplicité des mains diminue le prix des salaires et augmente le commerce.

Notre commerce diminuant à proportion des progrès que faisaient les fabriques étrangères, on eut des guerres à soutenir, et, les besoins devenant plus pressants, on crut avoir trouvé des ressources dans les communautés de la ville de Lyon ; on leur demanda de grosses sommes, on les taxa comme ouvriers et non comme citoyens. Nouveaux emprunts de la part des communautés et nouveaux prétextes d'exiger que, pour se mettre en état de rembourser, il leur fût permis d'augmenter les droits d'enregistrement, d'apprentissage, de compagnonnage et de maîtrise ; de là, des droits de réception à la maîtrise pour la fabrique des étoffes qui, par le règlement de 1667, étaient fixés à 50 livres pour les Lyonnais et à 20 livres pour les forains, ont été considérablement augmentés. On a même tenté de nos jours, et plus l'époque en est récente et plus elle est douloureuse à rappeler, de faire payer 800 livres pour obtenir la qualité de marchand. Les fabricants sur lesquels ces taxes ont paru tomber d'abord s'en sont peu inquiétés. Ils ont senti qu'en renchérissant les apprentissages et les réceptions à la maîtrise et à la qualité de marchand, ils éloignaient les aspirants, et qu'ayant par là plus de facilité à augmenter le prix de leurs étoffes, ils n'en exerceraient encore que plus sûrement et d'une façon plus lucrative pour eux le monopole dont ils étaient déjà en possession et dont on les avait laissés s'emparer au préjudice du bien général du commerce sans y faire attention.

Écoutons parler ces corps et nous verrons l'esprit qui les anime, et si la ville de Lyon a entendu ses véritables intérêts en homologuant aussi facilement leurs délibérations. Voici comment s'expliquent les guimpiers dans une délibération du 16 avril 1736, p.166 : « Mais, comme la suppression des apprentissages, en opérant un bien dans la communauté par la diminution des maîtrises et autres, etc. ». Ce qui fait ici le bonheur des guimpiers ne fait-il pas le malheur et la ruine de la ville de Lyon ? En éloignant de chez elle de nouveaux apprentis et de nouveaux maîtres, elle éloigne de nouveaux citoyens qui auraient augmenté son commerce qu'elle consent au contraire à mettre entre les mains d'un petit nombre de personnes qui n'ont d'autre vue que leur propre avantage et d'augmenter leur fortune particulière, en diminuant le commerce de la ville de Lyon, qui a donc agi d'une façon opposée à ses véritables intérêts en adoptant l'esprit de ses communautés.

Nos fabriques réduites entre les mains d'un petit nombre, chargées de monopoles que les ouvriers et les fabricants exerçaient réciproquement les uns sur les autres, d'intérêt à payer pour leurs dettes, d'augmentation de réception, de longueur d'apprentissage, ne purent bientôt plus soutenir la concurrence avec l'étranger libre de toutes ces gênes, et le surhaussement que tout cela opéra dans le prix de nos étoffes nous faisant perdre l'avantage que nous avions sur le prix de la main-d'œuvre, laissa l'étranger maître de profiter de tout celui que lui donnait la liberté et la différence de l'intérêt de son argent qui fait qu'en vendant à 106 ce qui lui coûte 100, il double l'intérêt de son argent, tandis qu'il faut que nous vendions 112 pour trouver le même bénéfice. Dans des circonstances aussi fâcheuses, nos fabricants ne trouvent d'autres expédients que d'altérer la fabrique et de diminuer le poids des étoffes. Cette altération devient nécessaire pour ne pas trop surhausser le prix et fut d'autant plus facilement exécutée que les fabricants étant en plus petit nombre et n'ayant qu'un même intérêt, il leur fut plus facile de se concilier. Alors on cria à l'abus, à l'infidélité, on crut y remédier par un abus plus grand encore, en faisant des règlements. De là naquirent les fameux règlements de 1737 et de 1744, le premier composé de 208 articles et l'autre de 283. Des lois si multipliées ne pouvant manquer d'occasionner un plus grand nombre de contraventions augmentèrent la gêne de l'ouvrier et lui rendirent l'exercice de sa profession plus désagréable. Le mécontentement devint si grand que les nations étrangères en furent informées ; elles attirèrent les mécontents par des promesses et des récompenses, ce qui occasionnant une nouvelle transmigration de nos ouvriers dans les pays étrangers n'a fait qu'augmenter le nombre de nos concurrents, en affaiblissant de plus en plus notre fabrique. Et l'effet de ce nouvel affaiblissement est encore de diminuer la concurrence chez nous et de renchérir de nouveau la main-d'œuvre et les étoffes ; par conséquent de donner de nouveaux avantages aux étrangers sur nous. Ils en ont si bien profité que les Anglais ne nous tirent pas à présent pour 5 000 livres d'étoffes de soie et de galon, eux qui nous en tiraient pour 12 millions en 1685, et les Hollandais en tirent à peine pour un million, eux qui en tiraient, en 1688, pour 8 millions. Si l'on ajoutait à cela ce que ces deux nations nous en fournissent, quelle prodigieuse différence dans *la balance de notre commerce* ; peut-on se persuader après cela que notre commerce augmente et que nous gagnons avec toutes les nations de l'Europe.

Si mille Génois se déterminaient aujourd'hui à s'établir à Lyon, que pourrait-il arriver de plus heureux pour le Roi, qui acquerrait mille nouveaux sujets, pour nos terres qui y gagneraient mille consommateurs, et pour la ville de Lyon qui acquerrait mille citoyens de plus. Cependant, suivant les statuts qui sont aujourd'hui en vigueur dans cette ville il n'arriverait rien de tout cela. On dirait aux Génois : si vous voulez vous établir parmi nous il faut faire cinq années d'appren-tissage, cinq années de compagnonnage, payer pour tout cela, après quoi si vous voulez être maîtres et avoir le droit de vendre vos étoffes il faudra payer chacun 400 livres parce que vous êtes étrangers. Les Génois auraient beau dire qu'ils savaient déjà faire de beaux velours, qu'ils nous en vendaient même beaucoup avant de sortir de leurs pays, que d'ailleurs ils n'ont d'autres biens que leur industrie, qu'il n'est pas juste de commencer de les mettre à l'amende parce qu'ils veulent travailler et contribuer à enrichir l'État et la ville. Tout cela serait inutile, on ne reçoit point de maître et marchand sans 400 livres et dix années d'apprentissage. Les Génois s'en retourneraient confus de nous trouver si étranges, ils s'en iraient débarquer en Hollande et en Angleterre, où ils seraient bien surpris de se trouver en arrivant tout à la fois maîtres et marchands sans acheter ce droit et sans qu'on leur demande même s'ils ont fait leur apprentissage et s'ils ont jamais travaillé dans ce qu'on appelle une ville réglée. On demande à tout homme de bon sens si les fabriques et le commerce ne doivent pas déchoir dans un pays d'où l'on éloigne ceux qui veulent le faire et s'ils ne doivent pas fleurir et augmenter dans ceux où tout le monde est bienvenu à fabriquer et à commercer.

Ce n'est pas là le seul désavantage que nous ayons vis-à-vis des étrangers, nos monopoles et nos restrictions font qu'à qualité égale nos étoffes doivent nous revenir plus cher que chez eux, quoique originairement la main-d'œuvre soit à meilleur marché chez nous que chez eux. On a déjà dit que le long apprentissage et la loi que la ville de Lyon s'est faite de ne recevoir que des gens nés chez elle ou aux environs, ont contribué à diminuer les ouvriers, ce qui a déjà renchéri la main d'œuvre. Les fabricants, en renchérissant les maîtrises, ont aussi diminué leur nombre et par là trouvé plus de facilité à augmenter le prix de leurs étoffes et à faire supporter leur luxe et leurs dépenses aux étoffes, ce qui les renchérit considérablement ; c'est-à-dire qu'en réduisant le commerce de Lyon au plus petit nombre de mains qu'il est possible, on veut gagner le plus qu'il est possible. Or cela ne peut se faire qu'en surhaussant le prix de la marchandise. Il faut avouer aussi que dans un temps où l'on sait que les matières premières doivent être libres parce que les droits qu'on leur fait payer augmentent la valeur fictive des étoffes, la ville de Lyon est la seule exceptée de cette règle. On a rétabli le droit de 3 et de 4 sols sur les soies, qu'un étranger qui avait l'esprit du commerce avait heureusement supprimé. On fait payer sur les matières d'or et d'argent un droit de marque de 24 livres par marc et un droit d'affinage de 20 sols par marc. En Angleterre et en Hollande, on ne sait point ce que c'est que le droit de marque, on y affine un marc de piastres pour beaucoup moins de 20 sols, or la soie et les matières d'or et d'argent sont-elles moins matières premières que la laine ? Cependant celle-ci ne paie rien chez nous et nous laissons subsister tous les droits sur les matières premières dont nous avons le plus besoin telles que les soies et l'argent et sur la fabrique que les étrangers font le plus d'effort pour nous enlever. L'ouvrier de soie en Hollande et en Angleterre n'est obligé à d'autre apprentissage qu'à celui dont il est seul lui-même à avoir besoin pour pouvoir fabriquer, il n'y a nulle obligation, nulle fixation pour cela, dès qu'il peut fabriquer il est maître sans rien payer. Dans les besoins de l'État il n'est jamais taxé comme ouvrier, mais comme citoyen à proportion de son bien et jamais à proportion de son industrie ; ce qui rend chez nous la condition du fainéant préférable à celle de l'homme utile. Il ne peut donc rejeter sur la marchandise des taxes extraordinaires. Comme il n'y a point de communauté pour les étoffes de soie, il ne connaît point le nombre de ses concurrents ; cela l'oblige nécessairement à la frugalité et à l'économie, sans quoi ses étoffes lui reviendraient si cher qu'il ne pourrait pas les vendre vis-à-vis des concurrents plus économes que lui. S'il parvient à faire une fortune plus considérable c'est par l'étendue de son commerce et non par le surhaussement du prix de l'étoffe qui tend toujours à la diminution du commerce.

Quel est le règlement qui a opéré de si bonnes choses en Hollande et en Angleterre ? La liberté et la concurrence ; et elles opéreront certainement la même chose chez nous, mais depuis deux cents ans, sous prétexte d'empêcher en France ce qu'on appelle les fraudeurs et les abus dans la fabrication des étoffes, on ne s'est occupé que de rendre l'exercice du fabricant difficile et désagréable et de les mettre entre les mains d'un petit nombre de gens sans songer que le plus grand de tous les abus est d'éloigner les hommes de l'occupation et de priver l'État par là du fruit qui lui reviendrait de leur travail.

Quand on a un ennemi à combattre, on s'informe de ses forces et de sa discipline à qui il doit ses victoires et quelle est la cause de nos défaits. Quoique les Français aient porté nos fabriques en Hollande et en Angleterre, elles n'y eussent pas prospéré si elles n'y eussent été libres, mais la liberté faisant qu'elles se soutiennent et qu'elles augmentent tandis que les nôtres diminuent, il faut nécessairement que leur méthode soit meilleure que la nôtre.

Or un commerce limité, sujet à des gênes et des restrictions telles que le nôtre, sera toujours ruiné lorsqu'il sera attaqué par des fabriques libres ; le plus grand nombre doit à la fin écraser le plus petit, leurs ouvriers et leurs fabricants se multipliant rapidement et sans cesse, tandis que le nombre des nôtres autant par des longueurs que des formalités rebutantes ne peut s'augmenter. Leur commerce augmente et s'étend donc avec le nombre de leurs fabricants et le nôtre diminue avec celui de nos ouvriers.

Nous conduisons encore nos fabriques par le principe établi sous Henri second ; il était mauvais alors et même dans le temps où nous n'avions point de concurrence, puisqu'il détruisait l'émulation parmi nous ; il est insoutenable aujourd'hui que nous en avons dans toute l'Europe. Parce que nous nous sommes malheureusement mis un bras en écharpe sous Henri second, faut-il qu'il y reste sous Louis XV et dans un temps où tous les souverains de l'Europe sont occupés de délier les bras de leurs sujets pour nous enlever ce qui nous reste de commerce. Qu'on nous rende l'usage de nos deux bras et nous serons en état de regagner le terrain que nous avons perdu.

On ne peut faire ces observations sans quelques réflexions sur le contenu d'un des mémoires qui se trouve dans le dossier de l'affaire des tireurs d'or, lequel, pour remédier aux abus sur le titre de l'argent et à la contrebande du trait, propose de défendre le transport à Genève et à Trévoux des piastres et vieilles vaisselles et autres matières d'or et d'argent.

On observe : 1° que cette défense serait inutile quant à Genève qui n'étant point enclavé dans le Royaume peut tirer des piastres et des matières d'or et d'agent par la Savoie et par la Suisse.

2° On priverait par là d'ailleurs les sujets du Roi d'une branche de commerce avantageuse en ce qu'ils fournissent aux Genevois des piastres et autres matières d'or et d'argent ; ils ne les leur donnent pas gratuitement, ceux-ci leur en payant la valeur ; et il reste aux sujets du Roi le profit qu'ils ont pu faire sur ces matières qui nous viennent elles-mêmes de l'étranger et qui ont laissé dans leur transport un fret, des frais de passage et d'autres avantages dont le Royaume a profité. Si nous interdisons donc le commerce des piastres avec Genève, c'est un commerce de moins que nous aurons dans le Royaume et un commerce de plus que nous transportons à l'étranger. C'est avec de pareilles défenses et de semblables restrictions que nous détruisons nos ouvriers, nos fabriques et nos négociants, que nous dépeuplons notre pays et avilissons nos terres pour peupler l'Angleterre et la Hollande et y augmenter conséquemment leurs richesses, le commerce et la valeur des terres ; étant certain que nous augmenterons et élèverons toujours le commerce de ces deux puissances et de nos autres rivaux de commerce à proportion de ce que nous gênerons le nôtre et que les gênes et les restrictions dont nous avons accablé nos fabriques ont peut-être autant contribué à faire fleurir celles d'Angleterre et celles de Hollande que la liberté dont elles y jouissent.

Si les principes établis dans ces mémoires sont vrais et paraissent mériter l'attention du Conseil, il semblerait qu'avant de décider totalement l'affaire des tireurs d'or, guimpiers et autres, il serait nécessaire de les communiquer à la Chambre de commerce de Lyon, aux négociants, que l'on appelle commissaires, qui ne sont pas les moins intéressés à la prospérité du commerce de cette ville, enfin aux principales communautés qui composent la ville de Lyon qui sont le plus intéressées à désirer la conservation et l'augmentation de leur commerce, lequel ne peut manquer de fleurir et de s'étendre quand il sera traité aussi favorablement à Lyon que dans les villes ses rivales qui ne sont ni Tours ni Paris mais Londres et Amsterdam.

Jusque-là il semble qu'on ne peut décider les contestations de ces communautés sans ôter à un corps pour donner à un autre au préjudice de l'intérêt public.

SUR LES COMMUNAUTÉS DE MÉTIERS

La vérité de ces principes une fois reconnue et la ville de Lyon bien persuadée que sa prospérité et sa splendeur dépendent de leur exécution, elle sera la première à concourir et dès lors tous les obstacles et les difficultés qui sembleraient s'y opposer seront bientôt aplanis. On reconnaîtra au moins en les examinant qu'ils n'ont point été dictés par des vues particulières.

Au reste si notre commerce allait en augmentant il faudrait punir tout homme qui proposerait d'en changer les règles, mais comme il est prouvé qu'il diminue, et surtout celui de la ville de Lyon, ne pas changer c'est vouloir tout perdre.

Réflexions sur la contrebande

À Grenoble, septembre 1753

C'est chercher à s'abuser que de croire que l'on pourra parvenir à faire agir continuellement plusieurs millions d'hommes contre leur intérêt particulier ; plus cet intérêt sera considérable, et plus la chose sera difficile.

L'intérêt particulier de tout habitant du Dauphiné et de nos frontières le porte à faire la contrebande, surtout en tabac et en toiles peintes, parce qu'il y a beaucoup à gagner à tirer des toiles peintes de Genève et de Savoie pour les introduire en France.

Tandis que le tabac vaudra en Savoie 22 s. et en Dauphiné 58 s. en détail, il y aura toujours des gens violemment tentés de faire la contrebande. Le bon marché se fait jour au travers de toutes les prohibitions et de toutes les barrières ; pour empêcher donc qu'il ne se fasse de la contrebande dans un pays, il faut faire en sorte qu'il n'y ait aucun profit à la tenter.

Les fermiers généraux ont paru sentir cette vérité en établissant le prix du sel en Dauphiné à peu près sur le même pied que ce qu'il vaut en Savoie ; aussi m'ont-ils dit que la contrebande du sel était fort peu de chose.

Si la conduite qu'ils tiennent sur le sel est bonne, elle indique celle qu'ils devraient tenir pour le tabac, et alors la contrebande cesserait aussi pour cette partie ; il n'est pas douteux qu'ils regagneraient par un débit plus considérable ce qu'ils sembleraient perdre par la diminution du prix.

C'est une erreur de croire qu'un État qui a des voisins puisse gouverner et taxer à son gré ses propres denrées ; s'il les surhausse, le voisin en profite pour introduire les siennes et s'attirer l'argent ; nous sommes donc obligés malgré nous de régler et notre commerce et nos finances sur la conduite des autres nations qui nous environnent, comme une armée est obligée de régler sa position et ses mouvements sur ceux de son adversaire.

Je ne connais qu'un moyen efficace pour empêcher la contrebande de toiles peintes ; c'est de trouver chez nous-mêmes un équivalent qui puisse satisfaire le goût des consommateurs et leur être libre et aussi bon marché ; c'est en vain que l'on défend à une nation de s'habiller d'une étoffe, si on ne lui offre pas un équivalent qui puisse remplacer celle qu'on lui défend et qui possède toutes les convenances et les qualités de celle que l'on prohibe.

Le meilleur et le plus sûr de tous les équivalents que nous puissions fournir aux sujets du Roi pour les toiles peintes étrangères, ce sont des toiles peintes fabriquées chez nous, ou peintes chez nous ; surtout si nous avons attention à ne point en augmenter la valeur par aucun droit ni sur la matière ni sur les drogues servant à les peindre. Alors pouvant nous procurer ou ces toiles ou les matières servant à les faire à meilleur marché que nos voisins, nous serons au-dessus de la contrebande, et bien loin qu'ils versent sur nous, nous les verserons sur eux ; et au lieu d'une barrière de commis, nous leur en opposerons une d'ouvriers qui sera bien plus sûre et plus impénétrable.

Nos prohibitions et le défaut d'équivalent, les droits d'une province à une autre, dont plusieurs de nos matières premières et de nos marchandises sont encore chargées, doivent donner à nos voisins un prodigieux avantage sur nous, puisque ceux qui font la contrebande m'ont dit qu'ils payaient ordinairement 10 pour cent pour l'introduction des toiles peintes, et 15 à vingt pour cent sur des draps et autres marchandises étrangères ; quelle meilleure preuve de la fausseté de nos mesures et de nos idées sur le commerce ; puisque malgré des frais aussi considérables, ils trouvent encore à vendre avec profit, et que la foule des contrebandiers ne fait qu'augmenter par l'appas qu'ils y trouvent.

Une des choses qui favorise encore le plus la contrebande chez nous sont les formalités sans nombre, auxquelles nous avons assujetti le commerce permis et légitime ; souvent un homme après avoir passé par trois ou quatre bureaux est saisi au cinquième, parce que la corde à laquelle son plomb était attachée s'est usée, ou que les plombs sont effacés ; en sorte que jusqu'à ce qu'une marchandise soit arrivée à sa destination, elle est dans un risque continuel d'être saisie, souvent sans la faute du propriétaire ; tout cela favorise le contrebandier qui n'ayant qu'un seul risque à courir, qui est celui d'être pris, met toute son étude à s'en garantir soit par force ou par adresse et y réussit ordinairement ; si quelqu'un est pris, il est bientôt remplacé par un autre ; car tel est le sort des professions lucratives qu'elles recrutent sur toutes les autres et ne manquent jamais de sujets.

La contrebande est un des plus grands maux qui puisse affliger un État ; car non seulement elle nuit pour le moment aux revenus du Roi, mais elle en tarit la source en substituant d'autres étoffes à la place de celles que nos ouvriers ont travaillées ; par là eux et leurs familles tombent bientôt dans le découragement et la misère ; ils périssent, et passent chez nos voisins ; la diminution de nos fabriques diminue les équivalents que nous faisions passer à l'étranger ; bientôt il ne nous doit plus rien, et notre dette vis-à-vis de lui augmente ; la balance de notre commerce se trouve affectée, et il faut payer le solde en argent. De là vient notre appauvrissement, et avec lui la diminution du peuple.

La contrebande en elle-même est encore une cause continuelle de dépeuplement ; un laboureur qui gagne à peine 12 s. par jour est tenté continuellement de faire la contrebande qui lui vaut 6 liv. et souvent plus ; s'il est pris, il est pendu ou envoyé aux galères, par conséquent toujours perdu pour l'État ; et avec lui ses complices qui craignant un pareil sort se hâtent de passer à l'étranger. L'appas du métier tente bientôt une nouvelle troupe qui, dispersée par les mêmes raisons, est encore remplacée par les mêmes motifs.

Depuis vingt ans que la commission de Valence est établie en Dauphiné, la contrebande n'y a pas cessé ; le remède est donc mal appliqué ou insuffisant ; cependant on m'a assuré que cette commission fait pendre chaque année au moins dix hommes et en envoie cinquante aux galères ; voilà donc depuis vingt ans douze cents personnes de moins dans l'État. Qu'on ajoute à cela un pareil nombre qui, dans la crainte d'être chargé dans les dépositions, sont prêts à quitter le pays, il se trouve que l'État a perdu deux mille quatre cents sujets qui auraient peuplé et consommé ; cependant la contrebande dure encore.

Les revenus et les forces du Royaume ne peuvent augmenter qu'avec le nombre des hommes qui l'habitent ; comment peut-on donc se flatter de faire accroître l'un et l'autre en détruisant les hommes qui en sont la source ? Nos neveux pourront-ils croire que nous ayons été réellement une nation aussi policée et aussi éclairée que nous nous vantons de l'être, quand ils liront qu'au milieu du XVIIIe siècle, l'on pendait encore un homme en France pour avoir été acheter à Genève à 22 s. ce qu'il pouvait vendre 58 s. à Grenoble ? Peut-on exposer continuellement des hommes à une tentation aussi vive et aussi fréquente, et les punir d'y avoir succombé ?

Il n'y a point de prohibition qui ne tarisse chez nous quelque genre de travail qu'elle va susciter chez l'étranger, et le travail que nous nous interdisons étouffe toujours chez nous une source de richesses qu'il ouvre chez nos voisins.

En Hollande, où tout est permis et où les droits sont modiques, l'on ne connaît point la contrebande. Le seul moyen de l'empêcher en France, c'est d'y faire toutes les choses que les étrangers nous introduisent ; alors nous serons en état de verser sur eux, au lieu qu'ils versent aujourd'hui sur nous, et un ou deux pour cent de droit sur leurs marchandises nous en garantiront mieux et plus sûrement que de tripler les barrières d'employés.

On dira peut-être que ces maximes sont bonnes pour un État qui ne produit rien comme la Hollande, mais seraient nuisibles à un État qui produit beaucoup par lui-même comme la France ; on répondra à cela que les productions étrangères ne nuiront jamais aux nôtres, si nous prenons de bonnes mesures pour que tout puisse être produit et travaillé chez nous sans valeur fictive, et sans être surchargé de droit qui en augmentent la valeur, et que si nous tirons les productions des étrangers, ce sera en échange d'autres valeurs que nous leur aurons fourni avec avantage, et qu'ils n'auraient pas pu prendre de nous, si nous n'avions pas reçu leur denrée en paiement (quand même elles seraient de la même espèce que les nôtres), et que rassemblant par là chez nous le concours de toutes les marchandises du monde, l'étranger qui vient chercher une chose s'accommodera en même temps d'une autre qu'il trouvera à sa convenance ; par là nous deviendrons le magasin et l'entrepôt général de l'Europe, et nous réunirons aux avantages d'un pays qui produit beaucoup ceux qu'a su se procurer un pays qui ne produit rien dans une position bien moins avantageuse que la nôtre.

Nous rassemblerons chez nous le double avantage d'être à la fois fabricants et merciers.[1] Tel étranger qui vient enlever ce que nous vendons comme fabricants enlèvera en même temps ce que nous vendrons comme merciers, et tel autre qui viendra chercher des merceries qu'il trouvera chez nous enlèvera en même temps ce que nous fabriquons.

Que si l'on croit qu'en ôtant toute sorte de droits sur nos matières premières et nos marchandises, on ôtera au Roi une branche considérable de revenu, on se trompe fort ; plus de facilité et de moyens de travailler feront commercer le peuple en l'enrichissant, feront trouver avec usure sur plusieurs branches de revenu ce que l'on semblera perdre sur une. On en jugera par un petit exemple : le pois de Marseille est affermé quarante mille écus, et le Bureau de la poste cent mille francs. Si le commerce y était plus libre et plus étendu, le pois s'affermerait cent mille écus, et le revenu de la poste serait triplé. Tout s'augmente et tout s'accroît par un commerce libre et protégé.

D'ailleurs un aussi grand commerce que celui où nous pouvons prétendre, et où nous parviendrions dans peu d'années, repeuplerait bien vite le Royaume, objet le plus important et le plus désirable de tous pour ceux qui souhaitent véritablement le soutien et l'augmentation de la puissance du Roi ; car il sera toujours

---

[1] Il faut entendre ici le mot de mercier dans le sens des corps et communautés d'arts et métiers qui définissent le mercier marchand de tout faiseur d'hier. Il faut entendre aussi par merceries les marchandises que nous n'aurons pas fabriquées. (*Note de l'auteur*)

vrai de dire que même en possédant des pays plus vastes que ses prédécesseurs, si ces pays contiennent la moitié moins de monde qu'autrefois, il s'ensuit nécessairement que le Roi est la moitié moins riche et moins puissant que ses prédécesseurs, quoique possédant des pays plus étendus. Or la dépopulation est ce qui frappe le plus visiblement les yeux de tout homme qui parcourt le Royaume avec quelque attention.

Le Directeur du Bureau de Grenoble attribue l'excessive contrebande qui se fait par le pont de Beauvoisin et les gorges des montagnes du Dauphiné à ce qu'il ne peut pas garder tous les postes, n'ayant que trois cents hommes. Il prétend qu'il en faudrait douze cents, et qu'il ne peut pas se passer au moins de huit cent vingt-quatre, suivant un état qu'il a envoyé aux fermes ; voilà donc cinq cent vingt-quatre hommes qu'il faut recruter encore sur les laboureurs et les artisans, sous prétexte d'empêcher la contrebande qu'on n'empêchera point, parce qu'il sera encore avantageux de la faire. Penser qu'on empêchera la contrebande en multipliant les commis, c'est croire qu'on peut se garantir d'une inondation en multipliant les brins d'une haie d'osier ou les barreaux d'une grille de fer.

Je regarde nos foires de Lyon et de Beaucaire comme des marques visibles du peu de progrès que nous avons fait dans les vraies connaissances du commerce et des obstacles que nous apportons nous-mêmes à son accroissement ; notre conduite ressemble à celle d'un homme qui s'abstiendrait de manger pendant plusieurs mois pour avoir le plaisir de manger beaucoup à certains jours marqués, et pendant un certain nombre de jours consécutifs. Tout de même, nous nous interdisons de commercer pendant la plus grande partie de l'année pour pouvoir commercer davantage pendant un très petit nombre de jours. Cependant l'activité et le volume de notre commerce ne peuvent qu'en recevoir de la diminution, parce qu'on ne peut jamais autant commercer pendant un petit nombre de jours qu'on peut le faire pendant toute l'année ; si nous voulons donc avoir un grand commerce et arrêter les progrès que notre méthode fait faire à nos voisins, il faut traiter le commerce en France toute l'année comme nous le traitons pendant les foires, parce qu'alors notre pays sera une foire continuelle. Les nations véritablement commerçantes ne connaissent point de foires chez eux, mais par le peu de droits que les marchandises y paient, ils jouissent d'une foire continuelle. Celle de Hollande n'est même diminuée que depuis qu'elle a augmenté ses droits, où on ne le fait jamais impunément, et Hambourg a gagné ce qu'elle a perdu. Les Anglais par leurs drawbacks ou restitution de droits se procurent aussi une espèce de foire continuelle, mais moins avantageusement que la Hollande et Hambourg.

Nous ne trouvons point l'or et l'argent comme les Espagnols en fouillant la terre. Nous ne pouvons donc l'attirer que par le travail ; nous nous enrichirons toutes les fois qu'on nous mettra en état de travailler plus facilement et à meilleur marché qu'aucune autre nation de l'Europe.

Si l'on veut donc tirer beaucoup de subsides de la nation française, il faut commencer par la faire gagner en mettant en état de travailler et à meilleur marché qu'aucune autre.

Une nation que l'on oblige continuellement à se nourrir et à s'habiller plus chèrement qu'elle ne pourrait et ne voudrait, ne peut travailler à aussi bon marché qu'elle le pourrait, et par là reste exposée à la contrebande que ses voisins, qui ne sont point forcés de vivre et de s'habiller aussi chèrement, sont continuellement en état de faire sur elle.

Tout homme qui agit s'enrichit, ou enrichit un autre.

Au contraire tout homme qui ne fait rien s'appauvrit, ou appauvrit celui aux dépens duquel il vit.

Ces deux mots, laisser faire et laisser passer, étant deux sources continuelles d'actions, seraient donc pour nous deux sources continuelles de richesses.

Estimation des richesses de l'Angleterre dans quatre époques servant à en faire voir les progrès jusqu'à aujourd'hui

Sans date (vers 1752)

Estimation des richesses de l'Angleterre dans quatre époques servant à en faire voir les progrès jusqu'à aujourd'hui, tirée d'une brochure intitulée Essai sur la dette de la nation [par A. Hooke], 2e édition [1751]

État des fonds de l'Angleterre

En 1600
En argent monnayé	L st.	6 500 000
En biens personnels[1]		130 000 000
En fonds de terres		80 166 666
Total :		216 666 666

En 1660
En argent monnayé	14 000 000
En biens personnels	280 000 000
En fonds, je dis valeur des fonds de terres	172 666 666
Total :	466 666 666

---

[1] L'auteur fait entrer la valeur des maisons et des vaisseaux dans l'estimation des biens personnels.

En 1688 à l'avènement de Guillaume III
En argent monnayé 18 500 000
En biens personnels 370 000 000
Valeur des fonds de terres 228 166 666
Total : 616 666 666

En 1749
En argent monnayé 30 000 000
En biens personnels 600 000 000
Valeur des fonds de terres 370 000 000
Montant des richesses actuelles
de l'Angleterre 1 000 000 000

L'auteur prouve l'augmentation effective des richesses de l'Angleterre par quatre signes visibles, et dont on ne peut révoquer la vérité en doute.

1°. Par le bas prix de l'intérêt de l'argent et la facilité que l'on a trouvé à le réduire immédiatement après la guerre.

2°. Par l'augmentation de la marine tant royale que marchande, ce qu'il prouve ainsi :

en 1660, la marine du Roi ne montait qu'à 62 594 tonneaux

en 1688, elle était composée de 101 032 tonneaux

en 1749, elle consiste en plus de 200 000 tonneaux

La marine marchande consistait,

en 1660, en 500 000 tonneaux

en 1688, on l'évaluait à 800 000 tonneaux

en 1749, on l'estime à 1 600 000 tonneaux[1]

---

[1] Sur cette estimation en évaluant les vaisseaux marchands anglais, tant grands que petits, sur le pied de 140 tonneaux chacun, cela donnera un produit de 11 428 vaisseaux marchands qui à raison de 14 hommes d'équipage font 159 992 hommes.

3°. L'augmentation du prix des maisons dans toute l'Angleterre, qui en 1660 ne se vendaient pas le denier 8, tandis qu'on a peine à en trouver actuellement au denier 12.

4°. L'augmentation du prix des fermages et de la valeur des terres, qui en 1660 valaient à peine en général le denier 18, tandis qu'aujourd'hui on n'en trouve point au-dessous du denier 22. Tous ces avantages, dit l'auteur, sont dus à l'augmentation de la navigation et du commerce qui continue à prospérer et à s'étendre.

Or, continue l'auteur, une nation dont le capital monte à 1 000 000 de livres sterling, et qui doit 80 000 000 l. st., ne doit pas la douzième partie de son capital, et attendu que ce capital étant toujours en mouvement, augmente au moins chaque année de 11 500 000 livres sterling, suivant un calcul que fait l'auteur. Il conclut qu'il ne doit pas être difficile d'éteindre en peu d'années le capital d'une dette de 80 millions sterling ; il finit par proposer des moyens pour cela.

Cette brochure a déjà été imprimée deux fois par ordre du ministère, et jusqu'à présent, il n'est pas venu à ma connaissance que les preuves qui y sont alléguées aient été combattues par le parti opposé.

Cette estimation actuelle des richesses de l'Angleterre peut donner lieu à un problème fort intéressant pour nous, savoir : Quel est actuellement le montant des richesses de la France ?

Dans le cas où le capital de la France excèderait beaucoup, comme on le croit, celui de l'Angleterre, il y aurait deux choses à examiner.

1°. Si ce capital quelconque de la France s'accroît chaque année autant à proportion que celui d'Angleterre.

2°. Dans le cas où le capital de la France n'accroîtrait pas chaque année par proportion à celui d'Angleterre, savoir quelles en sont les causes et ce qu'on pourrait faire pour qu'à l'avenir le capital de la France accrût non seulement par proportion à celui d'Angleterre, mais même davantage s'il est possible.

Il serait encore très intéressant d'examiner les progrès de notre marine marchande, si elle augmente ou si elle diminue, parce que c'est une preuve certaine de l'augmentation ou de la diminution de notre commerce.

Mémoire sans titre, sur la division en deux classes de toute société humaine, à savoir les productifs et les improductifs

1753

Il n'y a dans tous les pays du monde que deux classes d'hommes qui contribuent à en augmenter les richesses : 1° les laboureurs par la culture de la terre et ses productions, 2° les ouvriers, les artisans, les matelots et les marchands par leur industrie et par le commerce. Toutes les autres professions ne faisant point sortir de la terre et n'attirant point de l'étranger de nouvelles richesses, il est juste de dire que ceux qui les exercent vivent aux dépens et des fruits de l'industrie des laboureurs, des artisans, des matelots et des marchands.

Du nombre des laboureurs, des ouvriers, des artisans, des matelots ou des marchands qui sont ou qui pourraient être en France, il faut ôter :

300 000 moines, prêtes ou religieuses,
200 000 soldats,
40 000 hommes employés à rendre la justice ou à la faire exécuter,
58 000 commis ou employés pour la perception des droits, impositions, etc.
2 000 tant receveurs des tailles que chefs de bureaux, sous-fermiers, entrepreneurs des vivres, fourrages et hôpitaux, receveurs généraux, fermiers généraux, gens d'affaires, etc.

200 000 rentiers vivant continuellement de leur revenu tant sur le Roi que sur les particuliers, et sans rien faire,
150 000 laquais,
1 800 000 de vagabonds et fainéants, tant hommes que femmes et enfants, errants et mendiants continuellement dans le Royaume faute d'emploi
Total : 2 750 000

Voilà donc 2 750 000 hommes entretenus, et qui vivent nécessairement aux dépens des laboureurs et des marchands, ouvriers et artisans, puisqu'il est reconnu que ce sont les deux seules sources des richesses de tout État quelconque.

Dans un pays où il y aurait 18 millions d'hommes, cette proportion serait comme de 11 à 72, en sorte que sur 72 hommes il y en aurait nécessairement 11, qui ne feraient rien, et qui seraient nourris, vêtus et enrichis aux dépens des 72 autres hommes.

Mais, si au lieu de 18 millions d'hommes, il n'y en avait que 12 millions, le fardeau serait encore plus sensible ; parce qu'alors sur 48 hommes il y en aurait nécessairement 11, qui ne feraient rien, et qui seraient nourris, vêtus et enrichis aux dépens des 48 autres.

Il faut observer sur ces différentes classes d'hommes que les moines et religieuses non seulement sont nourris et vêtus aux dépens des autres, mais ne contribuent point à l'augmentation des sujets.

Que les 200 000 soldats sont à peu près dans le même cas.

Que la prodigieuse quantité de financiers et de gens qui aspirent à le devenir, jointe à la grandeur et à la rapidité de leurs fortunes, jette la nation dans un dégoût prodigieux pour toutes les autres professions, font qu'elle ne songe pour ainsi dire qu'à devenir financier et que les particuliers pour se jeter dans la finance sont

LES PRODUCTIFS ET LES IMPRODUCTIFS

continuellement occupés d'abandonner la culture, le commerce et les arts et métiers qui sont cependant les seules sources de richesses et d'abondance pour la nation.

Les 200 000 rentiers ne faisant rien ne contribuent par aucune industrie à l'augmentation des richesses de l'État, et livrés à une vie molle et oisive dont ils craindraient d'altérer l'aisance en se mariant, ils passent leur vie dans le célibat, état devenu si commun de nos jours que le Royaume ne peut manquer d'en recevoir de l'affaiblissement et de s'appauvrir d'hommes vis-à-vis des étrangers où le mariage est beaucoup plus fréquent.

Le nombre prodigieux de laquais sont autant de bras enlevés à la culture des terres et aux arts, dont la plupart, livrés à l'oisiveté et à la débauche vont finir leurs jours dans les hôpitaux des villes, et retournent rarement rendre à la campagne ce qu'elle a perdu lorsqu'ils l'ont quittée.

Des 18 cent mille mendiants et vagabonds, il faut compter qu'il en périt tous les jours la dixième partie de faim ou de misère ; ce qui fait un objet de 180 000 hommes par an ; d'ailleurs, ces misérables se marient rarement, et s'ils se marient, leurs enfants sont bientôt étouffés dans la misère où ils naissent.

Et en supposant que ces 1 800 mille fainéants ou vagabonds qui sont dans le Royaume, il en passe seulement mille par an à l'étranger qui leur fournit de l'emploi, il en résulte encore une double perte pour nous, parce que l'étranger se fortifie de ce que nous perdons.

D'après ces observations générales, nous allons tâcher d'examiner ce que 2 750 000 hommes coûtent à la nation pour les vêtir, les nourrir et entretenir.

Les 300 000 moines, hommes et femmes, tant riches que pauvres coûtent pour leur nourriture et habillement à 500 l. par an — 150 000 000

200 000 soldats y compris les pensions, la paye des officiers, etc., à 10 s. par jour font par an 182 l. 10 s. — 36 500 000

40 000 hommes pour la justice avec les huissiers, sergents, etc., coûtent à la nation en épices contraintes, frais de procédure, etc., au moins à 500 l. par an — 20 000 000

58 000 commis répandus dans le Royaume pour la perception des droits et impositions de toute nature à 600 l. par an — 34 800 000

1 920 receveurs des tailles, chefs de bureaux, sous-fermiers, entrepreneurs des vivres, fourrages, hôpitaux et tout ce qu'on appelle intéressés dans les affaires du Roi à 10 000 l. par an en appointements et profits — 19 200 000

40 receveurs généraux à 50 000 l. par an, cette évaluation est sur le pied de 10% en évaluant toutes les charges des receveurs généraux à 500 000 l. chacune — 2 000 000

40 fermiers généraux, en droits de présence, intérêts d'avances et profits à 120 000 l. par an — 4 800 000

200 000 rentiers vivant de leur revenu tant sur le Roi que sur les particuliers à 3 000 l. chacun — 600 000 000

150 000 laquais, tant à Paris que dans les provinces, à 300 l. seulement pour nourriture et habillement — 45 000 000

1 800 000 vagabonds, hommes, femmes et enfants qui ne peuvent subsister à moins de 3 s. par jour qu'ils reçoivent par aumône ou qu'ils volent, ce qui fait par an 54 l. 15 s. — 98 550 00

Total : 1 010 850 000

LES PRODUCTIFS ET LES IMPRODUCTIFS

Si les 2 750 000 hommes que la nation entretient, comme on vient de le voir, sont déduits des 18 millions dont on la suppose composée, il restera 15 250 000 hommes ; lesquels pour nourrir, vêtir et enrichir ces 2 750 000 devront payer chaque année en contributions et impositions de toute espèce, tant forcées que volontaires, une somme de 66 l. 5 s. par tête indépendamment de ce qu'il faut que chacun dépense pour sa nourriture et son propre entretien. Et si l'on calcule que dans le nombre des 15 250 000 personnes que nous supposons contribuer à l'entretien des 2 750 000 personnes, il y a toujours beaucoup de vieillards, d'enfants, de femmes et de filles qui ne font rien[1], quoiqu'elles ne mendient pas, et que leurs familles entretiennent, on reconnaîtra que la charge pour la partie de la nation effectivement laborieuse et en action est encore plus forte qu'on ne la suppose ici.

On sent, sans qu'il soit besoin de le faire remarquer, que si la nation n'était composée que de 12 millions d'hommes, au lieu de 18 millions, le fardeau serait encore infiniment plus pesant. (voir Note A)

Le clergé en Angleterre étant moins nombreux, moins riche qu'en France, et les Anglais n'ayant ni autant de soldats ni autant de financiers ni autant de gens pour administrer la justice que nous en avons, qui sont des professions qui vivent aux dépens des autres, il en résulte que l'Angleterre peut avoir et qu'elle a effectivement moins de mendiants, et plus de laboureurs, de matelots, d'ouvriers et de marchands (qui sont des professions qui produisent des richesses et qui en acquièrent à la nation) que nous n'en avons et que nous ne pouvons en avoir.

---

[1] Parce que les hommes leur ont interdit une infinité d'occupations auxquelles elles seraient aussi propres qu'eux. (*Note de l'auteur*)

Il en résulte encore qu'en Angleterre la partie oisive de la nation et vivant aux dépens du reste étant moindre à la partie laborieuse et active qu'en France, le poids est plus léger pour la partie active et laborieuse en Angleterre qu'il ne peut l'être en France ; en sorte que tous les ecclésiastiques, les soldats, les gens de justice, les commis, les mendiants, etc., qui sont en Angleterre étant infiniment moins à proportion que le nombre des gens des mêmes professions qui sont en France, il faut nécessairement qu'il en coûte moins à chaque laboureur, ouvrier, matelot, marchand, etc., qui sont en Angleterre, qu'il n'en coûte à chacun de ceux des mêmes professions qui sont en France, pour nourrir, vêtir et entretenir le clergé, les soldats, les gens de justice, les financiers, les mendiants, etc.

Le même raisonnement que l'on fait ici par rapport à l'Angleterre, on peut le faire aussi sur l'Allemagne relativement à nous.

Si donc la proportion des gens recrutés, nourris, vêtus et entretenus aux dépens de la partie active et laborieuse de la nation qui sont les laboureurs, ouvriers et marchands est plus forte en France qu'en Angleterre et en Allemagne, il faut que nous ayons à proportion moins de laboureurs, etc., et qu'ils soient plus chargés qu'en Angleterre et en Allemagne ; et ayant moins de laboureurs et ceux-ci étant plus chargés chez nous que chez nos voisins, il faut que nous ayons à proportion moins de culture, et qu'il y ait tous les jours un grand nombre de nos laboureurs qui abandonne la culture pour se faire mendiants : il ne faut donc pas s'étonner si nos récoltes diminuent et si le nombre de nos mendiants augmente.

La culture et le commerce étant les deux seules sources des richesses dans tout État quelconque, comme nous l'avons établi, si ces professions sont exercées par moins de monde en France qu'en Angleterre, il

LES PRODUCTIFS ET LES IMPRODUCTIFS

s'ensuit nécessairement que le capital de la France doit s'accroître à proportion beaucoup moins et bien moins rapidement que celui de l'Angleterre ; et plus d'occupation, plus de commerce et plus d'argent attirant les hommes, il s'ensuit que l'Angleterre doit attirer nos hommes, tandis que nous n'attirons pas les siens.

D'ailleurs, plus d'hommes employés au commerce en Angleterre doivent y avoir nécessairement augmenté les vues et l'intelligence du commerce ; plus de vues et d'intelligence dans le commerce ont fait trouver plus facilement les moyens d'augmenter la circulation ; une circulation plus grande et plus rapide en Angleterre doit augmenter davantage son capital que ne peut faire celui de la France où il y a toujours une infinité de richesses qui ne circulent pas faute de valeur pour les représenter.

La masse d'hommes et celle d'argent doit donc s'augmenter annuellement beaucoup plus en Angleterre qu'en France.

Si l'on considère combien l'Allemagne a acquis d'hommes et de commerce depuis 20 ans et que depuis ce temps nous n'avons point acquis d'hommes ni aucune nouvelle branche de commerce, il s'ensuit que nous nous appauvrissons d'hommes et de commerce vis-à-vis de l'Allemagne.

Le résultat des preuves que l'on rassemble ici est donc que nos voisins les plus puissants augmentant annuellement en hommes et en richesses, tandis que nous n'augmentons point en hommes (et n'augmentant pas en hommes, nous ne pouvons pas augmenter en richesses), il faut en conclure que nous nous affaiblissons et nous appauvrissons annuellement vis-à-vis de nos voisins les plus puissants.

On n'a certainement pas fait ce tableau dans la vue de prouver qu'il ne devrait y avoir en France que des laboureurs, des matelots, des ouvriers et des marchands ; on sait que dans tout État il faut des ministres pour la religion et pour l'instruction de ceux qui la professent, des soldats pour le défendre, des personnes qui s'appliquent à l'étude des lois et à l'administration de la justice, etc., et plus un État est peuplé et plus le nombre de ceux qui exercent ces professions doit être proportionné.

On veut seulement faire sentir que les professions de laboureur, de matelot, d'ouvrier et de marchand étant les plus utiles à la société et étant les seules sources de la force et de la richesse de tout État quelconque, il faut encourager celles-là le plus qu'il est possible et resserrer les autres pour les empêcher de s'étendre au-delà de ce qui est nécessaire.

Mais tout le contraire est arrivé depuis 1685 jusqu'à aujourd'hui ; la nation est considérablement diminuée par près de 30 ans de guerre que nous avons soutenue contre toute l'Europe et par une émigration qui dure depuis 68 ans.

Cependant on prétend qu'en 1685 il n'y avait pas la moitié des commis et employés qu'il y a aujourd'hui ; le fardeau est donc augmenté quoique la nation soit diminuée.

Tout a son contrepoids ; s'il y a plus d'attrait à être commis, laquais ou mendiants qu'à cultiver la terre, il faut nécessairement que le nombre de ces gens-là augmente et que celui des cultivateurs, qui les recrute, diminue ; pour que les terres du Royaume soient bien cultivées, il faut donc faire en sorte que l'on trouve plus d'attrait à les cultiver qu'à se faire commis, laquais ou mendiants, afin que les laboureurs puissent recruter aux dépens des commis, des laquais et des mendiants.

La preuve de ce que l'État gagnerait à encourager l'agriculture et à supprimer tout ce qui éloigne du travail et restreint l'industrie est bien sensible.

LES PRODUCTIFS ET LES IMPRODUCTIFS

Nous avons calculé que les 1 800 mille mendiants que nous supposons dans le Royaume coûtent à la partie laborieuse de la nation à 3 s. par jour seulement la somme de 98 550 000 l. ; si en encourageant la culture et l'industrie, ces 1 800 mille mendiants s'appliquaient à travailler (et il n'est pas douteux qu'ils le feraient, si on leur rendait le travail doux et facile) et gagnaient seulement chacun 5 s. par jour, cela ferait par an 164 250 000 l.
qui seraient autant d'acquis chaque année à la nation, qui épargnerait outre cela dès ce moment les 98 550 000 l. que ces mendiants lui coûtent actuellement, la nation gagnerait donc 262 800 000 l.

Mais le gain qu'elle ferait par là se trouverait d'autant plus considérable, que non seulement ces 1 800 mille hommes ne lui coûteraient plus rien, mais qu'ils paieraient même leur quote-part de l'entretien du clergé, des soldats, des gens de justice, qui sont et qui doivent nécessairement être entretenus aux dépens de la nation ; ce qui rendrait le fardeau d'autant plus léger pour tout le reste. (voir Note B)

Si l'on cherche à présent l'augmentation des richesses de la France par l'application des quatre signes visibles qui prouvent celle des richesses de l'Angleterre, on verra,

1° que l'intérêt de l'argent n'était point diminué depuis la guerre et étant même plus haut qu'il n'était avant la guerre, nous sommes moins riches que nous n'étions avant la guerre.

2° On prétend qu'avant la guerre, nous avions plus de 80 000 matelots classés et qu'aujourd'hui le nombre en va à peine à 70 000 ; notre marine marchande est donc diminuée depuis la guerre, et si notre marine marchande est diminuée, notre commerce doit l'être aussi.

3° Les loyers en général n'augmentent point dans les provinces et même sont diminués dans quelques-uns de nos ports de mer.

4° On trouve dans les provinces beaucoup de terres à acheter au denier 20, et la quantité de terres même seigneuriales que l'on offre à vendre tous les jours prouve qu'elles sont à charge aux propriétaires.

Or, le Royaume n'augmentant point en hommes, en culture, en navigation et en commerce, la valeur de tous les biens qui y sont ne peut augmenter, et ne peut qu'aller en diminuant avec nos hommes, notre navigation et notre commerce.

Juger de la richesse du Royaume, par celle de Paris et de l'opulence des sujets, par celle des financiers, ce serait juger de l'embonpoint et de la santé d'un homme, en l'envisageant du côté où il a une fluxion.

Observations particulières sur la marine, les colonies et le commerce des Anglais en général, servant à prouver les observations générales qui précèdent.

La marine royale en Angleterre est de 200 000 tonneaux.

On doute que tout ce qui compose celle de France aille à 60 000 tonneaux.

En supposant que nous ayons en France 70 000 matelots classés et que nous mettions 18 hommes pour faire naviguer un bâtiment de 140 tonneaux, notre marine marchande se trouvera composée au plus de 544 444 tonneaux en bâtiments, tant grands que petits, lesquels divisés par 140 feraient un produit de 3 889 bâtiments marchands.

Il faut observer que les Anglais naviguant avec moins de monde que nous, ils mettraient au plus 14 hommes pour naviguer un bâtiment de 140 tonneaux, ainsi avec 70 000 matelots, ils navigueraient 5 000 bâtiments, tandis que nous n'en naviguons que 3 889.

LES PRODUCTIFS ET LES IMPRODUCTIFS

Cette différence leur donne un avantage infini sur nous ; en ce que leurs armements étant à meilleur marché et naviguant avec moins d'hommes et plus de vaisseaux, ils sont en état de naviguer plus que nous, de transporter à meilleur marché que nous et par conséquent de nous couper la navigation partout.

Ceux qui sont prévenus pour notre façon d'armer disent que nous perdons moins de vaisseaux que les Anglais. Cela est vrai, mais ce n'est pas parce que nous y mettons plus de monde, mais parce que nous avons trois fois moins de vaisseaux qu'eux : c'est moins le nombre des matelots qui assure la navigation, que leur science et leur habilité ; or moins de matelots sur un vaisseau y apprennent plus promptement et mieux leur métier, qu'un plus grand nombre où il y en a toujours qui se reposent les uns sur les autres et qui sont des bouches inutiles. D'ailleurs plus d'hommes sur moins de vaisseaux renchérissent nécessairement la navigation et resserrent le commerce.

Si les Anglais ont trois fois plus de vaisseaux que nous, nous avons au moins quatre fois plus de commis qu'eux pour le service de notre marine, donc moins de profits et plus de charges.

Nos deux îles de la Martinique et de Saint-Domingue nous fournissent à présent plus de sucre, plus d'indigo et plus de café que les Anglais n'en tirent des leurs, et ce sont ces deux îles qui ont le plus contribué à soutenir notre navigation depuis 30 ans ; mais le terrain qui produit l'indigo et le sucre peut s'user chez nous comme il a fait à la Barbade, à la Jamaïque et dans les îles anglaises.

Outre ces productions, les Anglais tirent de leurs colonies du coton, du chanvre, des mâts, du bois de construction, du tabac, du riz, du blé, du bois de campêche, des drogues servant à la teinture, du goudron, de la résine, de l'huile et des fanons de baleine que pêchent les habitants de leurs colonies les plus septentrionales, des planches de cèdre, de noyer et d'autres bois servant à la marqueterie du merrain.

Excepté du coton que nos colonies produisent aussi, nous n'en tirons ni tabac, ni riz, ni bois de construction, ni chanvre, ni goudron, etc., quoiqu'elles pussent produire tout cela comme les colonies anglaises ; toutes ces choses étant d'un très gros volume leur occupent un nombre prodigieux de vaisseaux.

On ne tirant point ces marchandises de nos colonies, ne les recevant point par nos propres vaisseaux et en consommant cependant une très grande quantité que nous achetons des Anglais eux-mêmes ou des Hollandais, il s'ensuit que c'est nous qui contribuons en grande partie à la culture et à la puissance des colonies anglaises et que c'est nous qui payons et entretenons en grande partie la marine anglaise et hollandaise qui sert à nous apporter toutes ces marchandises.

Depuis 20 ans les colonies anglaises ont prodigieusement augmenté en hommes et en culture ; ils ont formé depuis ce temps-là et forment encore aujourd'hui plusieurs nouveaux établissements, tant dans l'Amérique méridionale que dans la septentrionale ; la seule ville de Liverpool transporte dans un an plus de nègres à l'Amérique que tous les ports de France ensemble.

Quant à nous, depuis 20 ans nous n'avons point fait de nouveaux établissements dans l'Amérique, ou du moins ils n'ont point augmenté nos approvisionnements et notre navigation. La Louisiane et la Guyane sont presque aussi peu cultivées qu'elles l'étaient il y a 20 ans : la première ne nous approvisionne encore ni de tabac ni de riz que nous achetons des Anglais ; quant à la seconde, plus de la moitié de la nation ignore qu'elle appartienne au Roi, parce que rien n'y vaut et rien n'en vient.

LES PRODUCTIFS ET LES IMPRODUCTIFS

Si, pendant que les Anglais se fortifient à l'Amérique et y augmentent en hommes, en culture et en navigation, nous n'y acquérons ni hommes ni culture ni navigation, nous nous affaiblissons donc visiblement vis-à-vis des Anglais dans l'Amérique.

Suivant une liste imprimée à Londres en 1747[1], on y comptait 2 700 négociants ou gros marchands allant et envoyant à la Bourse ; en mettant ensemble tous les négociants, marchands, etc., qui se rassemblent à la Bourse de Paris, de Lyon et dans toutes les villes du Royaume où il y a des Bourses ou places de change, je doute que l'on rassemble 2 700 hommes.

Suivant le *Complete English Tradesman* imprimé à Londres pour la cinquième fois en 1745, les Anglais comptent 2 millions d'hommes employés au commerce tant en gros qu'en détail dans l'Angleterre seule séparée de l'Écosse ; ils ne comprennent point en cela les colporteurs, les fabricants, les cabaretiers, etc.

On compte que l'Angleterre séparée de l'Écosse contient 8 millions d'hommes ; il y aurait donc le quart de la nation employé au commerce.

C'est une erreur de croire que Londres soit presque la seule ville commerçante de l'Angleterre.

Bristol, Liverpool, Hull, Yarmouth, Plymouth, Lynn, Deal, Newcastle, ont chacune plus de vaisseaux et plus de navigation faite et soutenue par leurs propres vaisseaux que n'en a la ville de Nantes.

Les Anglais, dans la présente session du Parlement, ont proposé une loi pour augmenter la nation et en ont fait quatre pour étendre le commerce.

La première qui tend à naturaliser les Juifs et à les agréger au corps de la nation est désirée et proposée

---

[1] Sur l'accroissement de la nation anglaise et de son commerce.

depuis plus de 80 ans comme un moyen d'accroître, de fortifier la nation et d'étendre son commerce.

Quant à nous, depuis 68 ans que la révocation de l'Édit de Nantes a causé une émigration considérable de sujets du Roi, émigration qui dure encore aujourd'hui et qui en nous affaiblissant fortifie les Anglais et les Allemands, nous n'avons encore trouvé aucun moyen, soit pour arrêter le mal qui nous consume, soit pour réparer par l'acquisition de nouveaux sujets pour le Roi ce que nous avons perdu d'hommes et ce que nous en perdons journellement.

Les quatre lois pour étendre la navigation et le commerce sont,

La 1ère pour étendre le commerce du Levant.

La 2ème pour encourager de plus en plus la pêche du hareng.

La 3ème pour admettre librement par tous les ports d'Angleterre la laine d'Irlande, qui ne pouvait entrer auparavant que par un petit nombre de ports indiqués.

La 4ème pour encourager et pour étendre davantage la manufacture de soie.

Pour nous depuis 50 ans nous avons fait une infinité de lois qui tendent à resserrer le commerce, et je n'en connais que deux qui tendent à son accroissement.

L'une est la suppression des droits de sortie sur quelques-unes des marchandises manufacturées chez nous et celle des droits d'entrée sur quelques matières premières (les droits particuliers de la ville de Lyon laissent à regretter que cette franchise n'ait encore pu s'étendre sur les soies).

L'autre sont les encouragements qu'accorde le Roi pour favoriser la plantation des mûriers et perfectionner le tirage de la soie.

Quant aux lois tendant à resserrer le commerce et la navigation chez nous, elles sont en grande nombre ;

parmi celles-là on peut compter la multitude des règlements faits depuis 50 ans sur le fait des manufactures ; les confiscations et amendes, les visites chez les fabricants ordonnées par ces règlements sont autant de choses tendant à gêner l'exercice de la fabrique, par conséquent à dégoûter du travail, en ce qu'elles mettent dans le risque de payer une amende tout homme qui ose entreprendre de travailler et de cesser d'être à la charge aux autres, amende qu'il n'eût pas encourue s'il fût resté à rien faire.

Si nous examinons bien l'esprit de nos règlements, nous verrons qu'ils sont tous faits pour favoriser les consommateurs aux dépens de l'ouvrier ; la raison de cela ne viendrait-elle pas de ce que les règlements n'étant faits que par des consommateurs, ils n'ont songé qu'à ce qui est de leur convenance, sans s'embarrasser de celle de l'ouvrier ?

Cependant nous naissons tous avec des besoins, des goûts et des passions à satisfaire ; toutes ces choses produisent nécessairement la consommation, la consommation est donc naturelle et n'a pas besoin d'être encouragée.

Mais nous ne naissons pas ouvriers ; on ne le devient que par le travail. C'est donc le travail qu'il faut encourager en rendant l'accès ouvert à tout le monde, et le plus facile et le plus doux qu'il est possible. Alors il excite à son tour la consommation, en lui présentant des objets plus variés et en plus grand nombre qui reviennent aux différents degrés de convenance du consommateur.

Le but que l'on doit se proposer en faisant des lois relatives au commerce est naturellement d'étendre le commerce ; on marche vers ce but si ces lois sont telles qu'elles puissent déterminer le plus grand nombre des consommateurs oisifs à se faire ouvriers, parce qu'ils augmentent la production ; d'où naît le commerce actif, sans nuire à la consommation, attendu que pour être ouvriers ils ne perdent pas la qualité de consommateurs qu'ils ont apportée en naissant.

Mais les lois pour le commerce s'éloignent du but qu'on s'est proposé, si elles sont telles qu'elles déterminent le plus grand nombre à rester consommateurs oisifs, au lieu de se faire ouvriers.

Pour faire de bonnes lois sur les manufactures, il faudrait donc s'occuper beaucoup plus de ce qui peut favoriser l'ouvrier, que de ce qui regarde le consommateur, parce que c'est l'affaire de l'ouvrier qui a travaillé de trouver un consommateur, sans quoi il aura travaillé en vain.

Le consommateur se plaint toujours de la friponnerie de l'ouvrier et ne parle jamais de sa propre bizarrerie[1]. Il veut acheter de bonne marchandise les yeux fermés et sans avoir même la peine qu'il faut prendre pour éviter d'être trompé : or tout ce que les règlements accordent à cet égard à la satisfaction et à la paresse du consommateur, ils l'ôtent à la liberté de l'ouvrier.

Les règlements ont été faits, dit-on, pour empêcher le public d'être trompé ; mais le public n'achète point en corps, et ne nous a point chargé de ses affaires. Le public n'est autre chose que chaque particulier qui achète ou pour sa propre consommation, ou pour faire commerce ; dans ces deux cas il doit savoir mieux que personne ce qui lui convient. Laissons donc le faire.

---

[1] On doit supposer que tout homme qui se mêle de commerce se connaît ou doit se connaître en marchandises, et la multiplicité des lois et des formalités que l'on a introduite sous prétexte d'empêcher l'acheteur d'être trompé est aussi à charge à ce commerce, que le seraient dans la société une police et des lois uniquement constituées et comme si l'on supposait que tout le monde est aveugle. (*Note de l'auteur*)

LES PRODUCTIFS ET LES IMPRODUCTIFS

Un pays où le nombre des ouvriers et des gens qui travaillent à produire excède infiniment celui des consommateurs est un pays qui fait nécessairement un commerce actif et qui s'enrichit.

Le travail est donc un fonds que l'argent ne fait que représenter. C'est donc le travail, et non pas l'argent qui fait la richesse de l'État : tout ce qui restreint le travail ou qui en dégoûte appauvrit donc l'État, en éloignant du travail les gens qui seraient disposés à s'y adonner.

Les règlements d'instruction sont donc très utiles en ce qu'ils indiquent comme il faut travailler ; ceux portant des peines sont nuisibles, parce qu'ils dégoûtent de travailler. Toute la règle qu'il convient d'observer là-dessus est de mettre la marque, qui indique ce qu'on entend par la bonne qualité, à l'étoffe qui est conforme au règlement, et de la refuser à celle qui s'en écarte ; on est persuadé que toutes les autres fonctions des inspecteurs font plus de mendiants qu'ils n'arrachent d'hommes à l'oisiveté.

Parmi les lois qui resserrent le commerce et la navigation, les principales sont les Lettres patentes de 1717 qui fixent à certains ports seulement le commerce de nos colonies, et forcent le retour à peu près dans les mêmes ports d'où l'on est parti ; l'effet de cette contrainte est de resserrer la navigation à nos colonies, par conséquent d'augmenter pour les Anglais et les Hollandais les tentations et les facilités d'y faire la contrebande.

Le privilège exclusif de Marseille pour faire le commerce au Levant contribue encore beaucoup à diminuer notre navigation et notre commerce ; l'Angleterre en communiquant à un plus grand nombre de ses sujets la faculté de négocier au Levant[1], comme elle vient de le faire dans la présente session du Parlement, va encore y augmenter son commerce et y resserrer le nôtre, si nous ne nous hâtons pas de leur donner de notre côté le plus grand nombre de concurrents qu'il est possible, en étendant ce commerce à tous les ports du Royaume. Il n'est pas plus difficile d'aller de Bayonne, du Havre, de Nantes, de Saint-Malo à Constantinople ou à Smyrne, que de Londres ou d'Amsterdam : nos vaisseaux du Ponant porteront aux Turcs des toiles et une infinité d'autres marchandises qu'ils n'ont pour ainsi dire encore reçu que de la main des Anglais ou des Hollandais. Les soies et les autres retours qu'ils rapporteront encore à meilleur marché et plus fréquemment que par le passé dans la partie occidentale de la France y augmenteront et y feront naître de nouvelles manufactures, qui nous fourniront encore de nouvelles armes contre ces rivaux de notre commerce. Au surplus les Ponantais en portant aux Turcs du drap, même concurremment avec les Marseillais et les Languedociens, ne feront qu'augmenter le nombre des pièces de drap de France qui s'opposeront aux progrès et à la consommation des draps anglais. Ainsi en permettant aux Ponantais de négocier au Levant, nous donnerons bien moins des rivaux à Marseille et au Languedoc qu'aux Anglais et aux Hollandais.

D'ailleurs nos vaisseaux du Ponant naviguant au Levant concurremment avec les Marseillais se forceront réciproquement à naviguer à meilleur marché ; ce qui étendra aussi efficacement notre navigation que le bon marché étend nos manufactures.

---

[1] En vertu de cette loi, tout habitant de la Grande-Bretagne est admis à s'établir au Levant en payant 20 l. st. (*Note de l'auteur*)

Qu'ont fait à l'État les habitants de la côte depuis Bayonne jusqu'à Dunkerque, ce qui fait une étendue de plus de 300 lieues, pour être privés de commercer au Levant avec leurs marchandises et leurs vaisseaux ? De quelle source d'occupation ne les privons-nous pas par cette défense pour l'abandonner à la Hollande et à l'Angleterre ?

Que veut-on que fasse un négociant du Ponant, lorsque la pêche rend mal, que le commerce de nos colonies est infructueux et celui d'Espagne surchargé ? À quoi veut-on qu'il emploie ses fonds et son industrie ? Le monde et ses consommations sont-ils donc bornés à ce petit cercle d'objets ? Et quand nous avons tracé à nos négociants le petit nombre de canaux par lesquels nous les avons assujettis de faire passer en même temps et tous ensemble leurs richesses et leurs talents, ne les avons-nous pas exposés à les engorger et à perdre en un jour ce qui leur a coûté beaucoup de peine et de temps à acquérir ? Et les pertes que nous attribuons à leur ignorance et à leur avidité ne sont-elles pas bien plutôt l'effet nécessaire du peu d'étendue du cercle que nous leur avons laissé parcourir ?

Si au lieu de cela, à mesure que leurs richesses se sont augmentées dans une branche de commerce, nous leur en avions ouvert de nouvelles où ils eussent pu verser une partie de ce qu'ils avaient acquis dans les premières, et qu'il leur eut été permis, en se dégoûtant d'une, d'en tenter une nouvelle, notre commerce et notre navigation se seraient frayés des routes plus variées, et nous auraient fait connaître des sources d'occupations que nous ne croyons pas possibles parce que nous n'avons pas encore permis de les tenter.

Nous avons étendu la faculté de négocier à nos colonies à presque toutes nos côtes, et je me plains de ce que cette faculté est encore trop borné puisqu'on en a excepté quelques ports ; cependant nous avons réduit à un seul point du Royaume la faculté de commercer au Levant, c'est-à-dire avec des pays infiniment plus étendus, plus peuplés et qui par conséquent peuvent consommer beaucoup davantage que nos colonies. C'est en vain qu'on cherche dans une disposition aussi singulière la proportion, le raisonnement et surtout l'esprit de calcul qui doit bien plutôt présider à la conduite du commerce, que les titres, les possessions et les usages anciens, lorsqu'on ne peut alléguer pour eux que leur ancienneté.

Les plus fortes exportations de draps que Marseille ait fait chaque année depuis 30 ans pour le Levant suffisent à peine pour habiller 200 mille hommes. Qu'est-ce que cette quantité en comparaison du nombre infini d'habitants qu'il y a à habiller en Turquie et en Perse où nos draps se sont frayés un débouché ? Comment pouvons-nous donc craindre d'envoyer trop de drap au Levant ?

D'ailleurs la matière première ne faisant que la quatrième partie de la valeur d'un drap teint et manufacturé, il est démontré que quand nos négociants particuliers qui l'envoient perdraient 20% à la vente, l'État y gagnerait encore beaucoup, parce que ce qui est perdu pour le marchand particulier se trouve payé à d'autres sujets du Roi et n'est pas perdu pour l'État.

Ce qu'on appelle les arrangements, qui sont la fixation des pièces de drap qu'un fabricant peut faire et envoyer au Levant, la fixation du prix et du nombre des personnes qui peuvent le vendre, tend nécessairement à diminuer le nombre des marchands, des fabricants et des ouvriers, détruit nos négociants en leur ôtant l'esprit de calcul et la nécessité de calculer ; ces arrangements tendent donc à augmenter chez nous le nombre des mendiants.

La défense de vendre nos draps pour le Levant aux étrangers sous prétexte qu'ils les vendent eux-mêmes aux Turcs est aussi extraordinaire, et tend aussi réellement à resserrer le commerce, que le ferait une défense aux négociants de Rouen, de Morlaix et de Saint-Malo de vendre des toiles aux Anglais et aux Hollandais sous prétexte que cela nuit à la vente de celles que les négociants français envoient à Cadix et aux Indes dans les flottes et galions. C'est faire injure au grand Colbert que de croire que parce qu'il a tracé quelques bornes à notre commerce, il ait voulu lui en fixer d'éternelles ; c'est en avoir fait assez que de l'avoir tiré du néant et de l'avoir mené jusqu'au point où il l'a laissé. Il a compté sans doute qu'il serait aisé après lui de le conduire plus loin, de faire en sorte qu'il n'y eût aucune province du Royaume qui ne s'en ressentît et qui ne pût un jour par sa navigation ou ses productions communiquer avec toutes les nations de l'univers.

Les Anglais ayant besoin comme nous des soies étrangères ont ouvert tous leurs ports pour la recevoir, et ils sont occupés dans la présente session du Parlement, comme nous l'avons déjà dit, des moyens d'en encourager l'emploi et d'en étendre la manufacture.

Avec le même besoin de soies, l'entrée chez nous s'en trouve limitée à deux seuls passages qui sont Marseille et Lyon, ce qui renchérit nécessairement la soie pour toutes nos manufactures, qui pourraient se la procurer par une voie plus courte et moins coûteuse, et met toutes celles d'en deçà de Lyon dans une dépendance de cette ville qui leur est préjudiciable. La soie étant une source féconde d'occupation, il semblerait qu'on ne pourrait ouvrir trop de canaux pour la répandre dans les provinces. Le privilège exclusif du passage que les villes de Marseille et de Lyon réclament et soutiennent avec chaleur est fondé sur des titres et une possession de plus de 300 ans, temps où nous n'avions ni commerce ni rivaux.

Pour juger des progrès que la manufacture de soie a fait en Angleterre depuis 70 ans, il faut observer qu'avant 1685 il ne se fabriquait pour ainsi dire aucune étoffe chez eux, et qu'ils en tiraient alors chaque année pour 12 à 14 millions de chez nous, suivant le *British Merchant*.

Un auteur anglais nommé Claude Rey, fabricant de soie, dans un Mémoire imprimé à Londres en 1719 pour demander qu'on réprimât l'usage des toiles des Indes, a avancé que dès ce temps la manufacture de soie montait à 12 000 métiers battants en Angleterre.

L'auteur d'un autre livre imprimé en 1728 intitulé *Plan du commerce anglais* établit qu'alors les manufactures de soie d'Angleterre fabriquaient chaque année pour 2 millions de livres sterling de marchandises, ce qui fait environ 48 millions de notre monnaie, dont environ 30 millions sont consommées dans la Grande-Bretagne et les 18 millions restants sont vendus et passent à l'étranger.

Le même auteur établit encore qu'en 1728 les Anglais ne tiraient pas, tant d'Italie que de France, pour 120 mille livres sterling d'étoffes de soie, ou 2 880 000 liv. de notre monnaie.

Depuis 1728 jusqu'à aujourd'hui, il n'est pas douteux que la manufacture de soie ne soit encore considérablement augmentée en Angleterre.

Voici à peu près l'état actuel de la manufacture d'étoffes de soie chez nous.

À Lyon, suivant le Mémoire du consulat du 4 février 1753   10 000 métiers
Suivant le rapport des Inspecteurs, à Tours   1 300
à Nîmes   1 500
À Paris on suppose qu'il peut y en avoir au plus   1 000

À Marseille	200
Total :	14 000 métiers

Il faut observer que la manufacture de soie était déjà très florissante en France en 1685, tandis qu'elle n'existait pas pour ainsi dire en Angleterre : par conséquent les progrès que les Anglais ont fait en ce genre paraissent plus considérables que les nôtres.

Il est probable que dans l'état de leur manufacture de soie, les Anglais comprennent les bas et la bonneterie, ce qui doit faire aussi un objet considérable chez nous. Ainsi pour bien juger de la consistance des deux manufactures, il faudrait savoir non seulement le nombre des métiers battants que nous avons en étoffes de soie, mais aussi celui des métiers pour faire des bas et autres ouvrages purement de soie.

Mais il est encore plus important d'examiner laquelle des deux manufactures doit probablement augmenter à l'avenir plus que l'autre.

Il est à craindre que ce ne soit celle d'Angleterre, quoique nous ayons l'avantage qu'ils n'ont pas, d'avoir des soies chez nous ; en voici les raisons.

1° Parce que l'Angleterre augmente tous les jours en peuple.

2° Les apprentissages y sont moins longs que chez nous.

3° Les Anglais naturels ne paient aucun droit de maîtrise.

4° Les soies entrent en Angleterre par tous les ports, et ne paient ainsi que les étoffes aucun droit dans l'intérieur du Royaume en changeant de province.

5° La principale manufacture étant établie dans un faubourg de Londres peut plus aisément s'étendre au dehors que celle de Lyon, qui est forcément concentrée dans la ville.

6° Le même homme peut avoir autant de métiers qu'il lui plaît.

7° L'argent est abondant en Angleterre à 3% et est actuellement à Lyon à 13.

Si la manufacture de soie augmente en Angleterre plus rapidement que chez nous, il y aura donc chaque jour en Angleterre moins de gens oisifs et moins de mendiants que chez nous.

Depuis 20 ans les Anglais ont fort étendu leur pêche de la baleine et celle de la morue ; la loi qu'ils viennent de faire pour encourager celle du hareng va encore leur ouvrir de nouvelles sources d'occupation, par conséquent cette branche diminuera encore le nombre des mendiants chez eux.

Pour nous depuis 20 ans nous n'avons fait aucune loi pour acquérir une part dans la pêche de la baleine ni pour augmenter celle du hareng ; celle de la morue va même en diminuant, parce que nous traitons chez nous-mêmes notre propre poisson comme étranger ; par conséquent la pêche, cette abondante source d'occupation n'a point diminuée le nombre des mendiants chez nous de ce qu'il était il y a 20 ans.

Un moyen sûr de resserrer le commerce chez l'étranger, c'est de l'étendre et de le faciliter chez soi ; c'est ce que les Anglais ont bien senti lorsqu'ils se sont déterminés, dans cette session du Parlement, à ouvrir tous leurs ports pour recevoir la laine d'Irlande ; plus ils en recevront chez eux et plus ils en travailleront, moins il en restera en Irlande pour apporter chez nous. Il en résultera donc encore une augmentation d'occupation chez eux, une diminution de travail chez nous, moins de mendiants chez eux, plus de mendiants chez nous.

Depuis 70 ans, les Anglais ont prodigieusement resserré chez eux la consommation de nos toiles ; nous leur en vendions pour 600 000 l. st. ou 14 millions de notre monnaie en 1685, suivant le *British Merchant* ; en réduisant chez eux la consommation de nos toiles, ils y ont attiré celles d'Allemagne, et en ont établi des manufactures en Écosse et en Irlande ; ces dernières surtout font des progrès considérables, donc plus d'occupation chez eux et moins de mendiants ; en diminuant chez eux la consommation de nos toiles, ils ont diminué en France le nombre des gens qui vivaient à leurs dépens. Il doit donc y avoir aujourd'hui moins de gens occupés par les Anglais, que lorsqu'ils consommaient une plus grande quantité de nos toiles. Les Anglais nous doivent donc moins aujourd'hui qu'ils ne nous devaient alors, font donc vivre moins de gens chez nous qu'ils n'en faisaient vivre alors. Il doit donc y avoir aujourd'hui plus de mendiants chez nous qu'alors.

Il est prouvé, par le traité contre l'usure du chevalier Thomas Culpeper imprimé à Londres en 1621, que nous fournissions alors aux Anglais beaucoup de blé et que nous leur en portions des quantités si considérables et à si bon marché que le nôtre coupait la vente à celui de leur cru chez eux-mêmes. Il n'est que trop évident que les choses sont bien changées entre eux et nous, puisque non seulement nous ne leur avons pas fourni de blé depuis cinquante ans, mais que nous avons fréquemment recours à eux pour notre subsistance. Il s'ensuit donc que la culture a beaucoup augmenté chez eux et a prodigieusement diminué chez nous, donc plus d'occupation chez eux et plus de mendiants chez nous.

Le commerce du blé étant continuellement libre en Angleterre, il y a un grand nombre de gens qui s'en occupent continuellement, ce qui fait une grande source d'occupation chez eux ; en France le commerce et le trafic du blé étant souvent gêné même d'une province à l'autre, ceux qui s'en mêlent étant souvent regardés de mauvais œil, quelquefois même sujets à être recherchés, peu de gens s'y adonnent. Voilà donc une source d'occupation de moins pour nous, donc plus de fainéants chez nous.

On dit qu'il faut conserver le blé dans le Royaume, cependant il est souvent dangereux d'en garder chez soi ; comment accorder cela ?

Toute l'administration des blés en Angleterre paraît concertée pour l'intérêt du cultivateur, et il ne paraît pas qu'on se soit occupé du consommateur ; il n'est donc pas étonnant que l'on y cultive beaucoup.

Chez nous toute l'administration des blés paraît arrangée uniquement sur l'intérêt du consommateur, qui craignant toujours de manquer, ne respire que la gêne, dont cependant le premier effet est d'étouffer la production ; il n'est donc pas étonnant qu'en France on cultive peu.

Si pendant que les Anglais s'accroissent et acquièrent journellement plus hommes, plus de culture, plus de pêche, plus de navigation, plus de commerce et plus de circulation, nous n'acquérons ni plus d'hommes ni plus de culture, de pêche, de navigation, de commerce et de circulation, nous nous appauvrissons et nous nous affaiblissons donc visiblement vis-à-vis des Anglais.

Le pays vis-à-vis duquel nous nous affaiblissons ainsi a à peine le tiers de l'étendue de la France et moins de gens qui ne lui paient rien actuellement et qui sont à charge à ses autres sujets.

On est persuadé que cette somme excède de beaucoup celle qui se lève dans tout le Royaume sous le nom d'industrie, et les contributions des communautés.

LES PRODUCTIFS ET LES IMPRODUCTIFS

Note A

En supposant (ce qu'on ne croit pas) que le capital de la France fût le double du capital de l'Angleterre, cela ferait une somme de 48 milliards, et que le revenu de ces capitaux fût de 10% par an[1], comme l'on calcule en affaire de finance, le revenu total du Royaume serait de   4 800 000 000

Si pour entretenir 2 750 000 hommes suivant le tableau ci-dessus, il en coûte à l'État   1 010 850 000

Leur entretien coûterait donc par an environ 4 s. 3 d. pour livre sur la totalité des revenus du Royaume.

Si les revenus du Royaume ne montent pas si haut, la taxe est encore plus forte.

Note B

1 800 mille mendiants travaillant à 5 s. par jour gagneraient   164 250 000

Ces gens-là ne gagnant rien aujourd'hui ne peuvent rien consommer, et ne contribuent par conséquent rien ; mais s'ils gagnaient, ils consommeraient, et quand ils ne paieraient au Roi sur leur consommation que la 20e partie de ce qu'ils gagnent, le Roi retirerait   8 212 500

---

[1] Il est aisé de prouver qu'il n'y a dans le Royaume aucune sorte de bien qui rapporte 10%, ni même 7 ½ % ; il n'y a donc aucune raison pour allouer un pareil intérêt aux financiers ; et l'effet d'un traitement aussi favorable ne doit-il pas être de rompre toute proportion entre cette profession et les autres, de déterminer à la longue les possesseurs de terres à les vendre pour en placer le produit dans la finance, et les gens de tous états à abandonner leur profession pour se tourner uniquement vers celle-là ? (*Note de l'auteur*)

Question : si le travail des gens de mainmorte et la faculté qui leur serait accordée d'en mettre les productions dans le commerce serait utile ou préjudiciable à l'État

1755

Les gens de mainmorte, considérés politiquement et tels qu'ils sont aujourd'hui parmi nous, sont à charge à l'État en deux manières.

Premièrement, ils augmentent considérablement la classe des célibataires, et ce préjudice devient plus sensible, à mesure que la nation par ses mœurs actuelles a plus de disposition au célibat, qu'elle a souffert la perte d'un plus grand nombre d'hommes par de longues guerres ou de fréquentes émigrations, que le peuple sur lequel les moines recrutent principalement est plus porté à l'oisiveté et à s'éloigner du travail de la terre, qu'enfin si le nombre des célibataires est déjà plus grand chez nous qu'il ne l'est dans les États voisins, nous nous appauvrissons et nous affaiblissons sensiblement chaque année vis-à-vis des nations qui nous environnent.

Le second préjudice que reçoit l'État par les gens de mainmorte est l'oisiveté et la fainéantise à laquelle ils se sont volontairement condamnés, et où les séculiers croient trouver leur propre avantage à les replonger toutes les fois qu'ils font quelques efforts pour en sortir ; ces séculiers ne cessent d'appeler leur intérêt particulier l'intérêt de l'État ; à ce titre ils ont souvent imploré le secours des tribunaux qui ont cru bien servir la

LE TRAVAIL DES GENS DE MAINMORTE

patrie en étouffant les tentatives que faisaient les gens de mainmorte pour mettre de nouvelles valeurs dans la société. Tel a été l'effet du préjugé encore trop commun, qu'un homme ne saurait travailler sans nuire au travail d'un autre, tandis que dans le fait et en approfondissant la matière, on ne peut manquer de reconnaître que le travail d'un homme, bien loin de nuire à celui d'un autre, l'excite, ouvre de nouvelles routes à son industrie, l'oblige de travailler avec plus d'économie, plus de perfection et plus d'assiduité : or l'économie et l'assiduité du travail sont les principales sources de l'abondance publique.

Rien de plus juste que l'Édit du mois d'août 1749, qui défend à tous les gens de mainmorte d'acquérir des terres, des maisons et d'autres biens-fonds ; rien de plus convenable aux intérêts de la société que d'y conserver des biens que les gens de mainmorte en retiraient chaque jour pour augmenter leurs possessions et pouvoir vivre encore dans une plus grande oisiveté ; cependant il faut bien se garder de croire que l'esprit de cet Édit s'étende à interdire aux gens de mainmorte toute amélioration des biens qu'ils possèdent ; si c'est un mal qu'ils possèdent des biens-fonds, c'en serait un infiniment plus grand s'ils ne pouvaient ni les cultiver ni les améliorer ; l'amélioration de ces biens doit même être l'effet salutaire de l'Édit du mois d'août 1749. Toute nouvelle acquisition étant interdite aux gens de mainmorte, ils doivent se trouver forcés d'employer désormais leur argent à améliorer les fonds qu'ils possèdent déjà, c'est-à-dire qu'ils sont contraints nécessairement à mettre dans la société un plus grand nombre de valeurs sur la même quantité de terrain ; il importe peu par qui ces valeurs sont produites, elles enrichissent toujours l'État qui les contient.

La raffinerie que l'on accuse les Jésuites de vouloir élever à Angers ne saurait donc être regardée comme une acquisition de leur part, quand même elle pouvait être censée leur appartenir, mais comme l'amélioration d'un terrain qu'ils possèdent déjà, qui fera que ce terrain aura une plus grande valeur qu'il n'avait avant que de contenir une raffinerie, mais comme les Jésuites ne sauraient bâtir cette raffinerie eux-mêmes parce qu'ils ne sont ni maçons ni charpentiers ni tailleurs de pierres, ils feront vivre tous les gens qui exercent ces professions en faisant construire le bâtiment qu'ils destinent à la raffinerie ; en sorte que toute la valeur du bâtiment se trouvera transportée entre les mains des séculiers, et circulera dans la société avant qu'il soit fini, ce qui ne saurait arriver si on leur interdit la construction de ce bâtiment et de tout autre. Suivons à présent la raffinerie dans ses opérations et voyons si de quelque façon qu'elle soit exploitée il en peut résulter quelque préjudice à la société séculière, et si au contraire elle n'en retirera pas de grands avantages.

Si les Jésuites bâtissent une raffinerie à Angers, c'est pour la louer à des séculiers ou pour l'exploiter eux-mêmes.

S'ils la louent à des séculiers, ces séculiers se trouveront tout d'un coup en état d'employer en sucres bruts les petits fonds qu'ils peuvent avoir devant eux et de s'occuper sur le champ à les raffiner, au lieu que s'ils ne trouvaient pas un bâtiment tout fait, ils seraient obligés de construire une raffinerie, ce qui consommerait peut-être tous leurs fonds et au-delà, et quand ce bâtiment serait achevé, il deviendrait inutile faute de fonds pour le faire servir à l'usage auquel on l'avait destiné, et les entrepreneurs se trouveraient ruinés avant d'avoir pu raffiner une seule livre de sucre. C'est là le sort de la plupart des nouveaux établissements qui se détruisent presque aussitôt qu'ils sont formés, parce que le fonds qui devait servir à faire le commerce et à soutenir l'établissement se trouve consommé et au-delà dans la construction des bâtiments qu'on y destine ; on a continuellement ces sortes d'exemples sous les yeux dans la capitale et dans les provinces, et l'on voit qu'un très grand nombre de projets utiles à l'industrie, ou ne sont point exécutés, ou tournent à la ruine des entrepreneurs, faute d'avoir assez de fonds, et pour construire les bâtiments, et pour alimenter le commerce ou la manufacture.

Bien loin donc que l'État soit intéressé à empêcher les gens de mainmorte de construire des bâtiments quelconques, et surtout ceux qui sont propres à quelques commerce ou à quelque manufacture que ce puisse être, il est de l'intérêt public de le leur permettre, de les exciter même à le faire, puisque par là le coût principal de ces bâtiments se trouvera d'abord versé dans la société séculière et y fera subsister des gens de toutes sortes de professions, et qu'ensuite un grand nombre de commerçants et de manufacturiers trouvant des bâtiments tout faits pourront se livrer aux manufactures avec des plus petits fonds. Or rien n'est plus avantageux à une nation que de pouvoir entreprendre un grand commerce avec des petits fonds, et rien ne contribue davantage à faire pencher en sa faveur la balance du commerce ; l'objet devient encore plus intéressant pour les nations qui payent pour l'argent qu'elles emploient au commerce un intérêt plus fort que les autres. Mais si (ce que les raffineurs, les six corps des marchands et des arts et métiers craignent le plus) les Jésuites ou autres gens de mainmorte exploitaient par eux-mêmes leurs raffineries ou s'adonnaient à exercer d'autres genres de manufactures, la société séculière en recevrait-elle quelque dommage ? Je pense que non, et que notre culture, notre commerce et notre population en recevraient encore un accroissement indubitable ; le principe sur lequel je me fonde est que plus une matière première est manufacturée à bon marché, plus l'exportation en est grande, et plus l'exportation en est grande, plus grand est l'intérêt et l'appas du colon pour la cultiver.

Les gens de mainmorte rassemblés dans un même lieu, vivant frugalement, accoutumés à obéir à un même chef, à se lever de bonne heure, sont par là même de tous les hommes qui composent la nation, les plus propres aux manufactures et à mettre en œuvre toute matière quelconque au meilleur marché possible. Les grands bâtiments que la plupart d'entre eux habitent sont déjà des manufactures toutes montées ; ils ont les bâtiments et l'abondance des bras ; il ne s'agit plus que de permettre à l'industrie d'y pénétrer. Des gens qui ne connaissent point la débauche, qui travailleront également tous les jours de la semaine, pour lesquels il n'y aura point de lundi, qui ont déjà la plus grande partie de leur nourriture et de leur vêtement assurés, ces gens-là ne travailleront-ils pas à meilleur marché que la plupart des nations qui sont nos rivales ? Les petits profits dont ils pourront se contenter forceront nos ouvriers séculiers à les imiter, et plus nos matières premières seront manufacturées à bon marché, plus notre culture en recevra d'accroissement et plus elle occupera de monde. Est-ce une raison pour exclure les gens de mainmorte du travail, parce que de toutes les espèces d'hommes que nous possédons, ce sont eux qui peuvent travailler avec plus d'avantage, et ceux que nous pouvons opposer aux étrangers avec le plus de supériorité et d'utilité pour l'État ? Nous convenons que les Juifs et les Hollandais sont de toutes les nations de l'Europe les plus propres au commerce par leur frugalité et la grande économie avec laquelle ils vivent ; ce serait donc faire le bien de l'État de recevoir chez nous des colonies de Juifs et de Hollandais ? Ces étrangers accoutumés à vivre à meilleur marché que nos compatriotes manufactureraient bientôt une plus grande quantité de nos matières premières, ce qui accroîtrait nos exportations à l'étranger et avec elles différents genres d'occupations pour les sujets du Roi. Leur exemple et leur concurrence forceraient notre peuple à les imiter, par là une plus grande portion de la nation se tournerait bientôt vers le commerce et acquérrait les qualités propres à le faire utilement. Mais si nous avons parmi nous des sociétés nombreuses d'hommes et de femmes qui vivent encore avec plus de frugalité et d'économie que les Juifs et les Hollandais, et qui par là même peuvent manufacturer nos matières premières à meilleur marché qu'aucune autre nation, n'est-ce pas méconnaître nos ressources que d'interdire le travail à des gens, qui par leur multitude et leur façon de vivre peuvent faire pencher aussi effectivement en notre faveur la balance du travail, et exciter aussi efficacement la culture.

Quels rivaux plus dangereux pouvons-nous donner à toutes les nations qui attaquent et envahissent nos manufactures, aux Anglais, aux Allemands, aux Suisses, aux Indiens, aux Chinois mêmes, que des gens qui vivent avec la frugalité dont plusieurs de nos moines et de nos religieuses font profession ? Et si les Suisses, malgré les désavantages que nous leur connaissons, sont parvenus par un travail assidu à filer du coton assez fin pour en faire des mousselines qui sont assez belles et assez bon marché pour se vendre en concurrence avec celles des Indes, ne pouvons-nous pas nous flatter qu'il en sortira de beaucoup plus parfaites et encore à meilleur compte des mains de nos religieuses ? Et ce moyen n'est-il pas plus simple, plus efficace et plus humain pour arrêter les versements que l'on fait continuellement sur nous de ces marchandises, que les moyens violents et toujours insuffisants auxquels on a recours depuis 20 ans qui n'empêcheront jamais que l'on ne verse des mousselines et d'autres étoffes chez nous, tant qu'elles y seront et plus rares et plus chères que dans les pays qui nous environnent. C'est l'eau qui s'écoule dans un lieu plus bas jusqu'à ce qu'elle ait trouvé son niveau.

Et si ces mêmes religieuses déjà sûres de leur subsistance étaient enseignées et excitées à cultiver la soie, à la travailler, à en faire des broderies, ne pourrions-nous pas nous flatter qu'elles répandraient tous les jours dans la société une infinité d'étoffes, qui par leur multitude, leur perfection et leur bon marché, seraient préférées à celles que nous tirons de la Chine, et par là diminueraient le tort que celles-ci font à la culture de nos terres, au travail de nos manufactures, et même à la perception des impositions ? Dans un temps où toute l'Europe fait usage de toutes ses ressources, serions-nous assez indifférents pour avoir chez nous des magasins de bras et pour refuser de les employer ? Ce n'est pas une chose si nouvelle en Europe de laisser travailler des religieuses ; les Flamands, nos voisins, en ont reconnu l'utilité ; des séculiers travailleraient difficilement avec assez d'économie pour produire ce grand nombre de dentelles précieuses dont aucune nation n'a pu approcher jusqu'à présent ni pour la perfection ni pour le bon marché ; ces dentelles qui font que le produit du quart d'un arpent semé en lin occupe deux mille personnes et produit 200 000 fls. sont faites par des religieuses ou par des filles vivant comme des religieuses. Pourquoi nous interdirions-nous une ressource que nos voisins emploient efficacement contre nous-mêmes ? Quelle serait la nation qui voyant l'ennemi au milieu de son pays aurait 200 000 bras en réserve, dont elle refuserait de se servir pour les repousser ? Les Indiens, les Chinois, les Suisses ont rempli le royaume de leurs étoffes, pourquoi ne pas mettre en mouvement les bras de nos communautés religieuses pour les en chasser ?

LE TRAVAIL DES GENS DE MAINMORTE

Plus nos communautés religieuses nous donnent de désavantage vis-à-vis des autres nations en augmentant chez nous la classe des célibataires (s'il est vrai que tout ce qui tend à dépeupler un Royaume tend à son appauvrissement), et plus nous avons un intérêt sensible à compenser ce désavantage par l'utilité que nous pouvons retirer de l'abondance et du bon marché du travail de ces mêmes célibataires et par le surcroît d'occupations que le bon marché de leur travail peut fournir.

Mais on m'objectera qu'il résultera nécessairement plusieurs inconvénients de la facilité que l'on accorderait aux communautés religieuses de s'appliquer aux manufactures et au commerce.

« 1°. Parce qu'acquérant toujours de l'argent et ne pouvant acquérir de fonds, ils vivront avec plus d'aisance, ce qui déterminera tous les jours un plus grand nombre de séculiers à embrasser l'état religieux.

« 2°. Qu'acquérant toujours de l'argent et ne pouvant acquérir de fonds, ils se mettront à prêter, et par là ils tiendront les terres et l'industrie des séculiers dans une espèce d'esclavage.

« 3°. Que les gens de mainmorte étant pour la plupart assurés de leur subsistance et pouvant par leur façon de vivre se contenter de plus petits profits que les séculiers, il résulterait qu'une grande partie des arts et du commerce qui sont aujourd'hui exercés par les séculiers passeraient entre les mains des communautés religieuses, ce qui laisserait ces mêmes séculiers sans emploi et sans ressource pour vivre.

« 4°. Qu'en accordant la liberté aux gens de mainmorte de s'adonner aux manufactures et au commerce, ce serait les faire déroger à la sainteté de leur institut, et dès lors les rendre méprisables aux yeux du vulgaire, ce qui pourrait rejaillir indirectement sur le respect dû à la religion. »

Je répondrai à la première objection, « qui roule sur ce que les gens de mainmorte acquérant toujours de l'argent et ne pouvant acquérir de fonds, vivront avec plus d'aisance, ce qui peut déterminer un plus grand nombre de séculiers à embrasser l'état religieux », que cet inconvénient n'est point à craindre, le Roi étant toujours le maître de reculer autant que bon lui semblera le temps auquel on peut entrer en religion. En Allemagne et dans le Royaume de Naples, il n'est plus permis de faire des vœux avant l'âge de 22 ans ; la proposition de reculer encore ce terme chez nous ne serait rien moins que nouvelle.

À la seconde objection, « que les gens de mainmorte ne pouvant acquérir de fonds et acquérant toujours de l'argent, se mettront à le prêter, par là attireront à eux le plus clair et le plus liquide du produit du travail des séculiers, et tiendront leurs terres et leur industrie dans une espèce d'esclavage et de redevance continuelle », je répondrais que l'Édit du Roi du mois d'août 1749 y a pourvu en interdisant aux gens de mainmorte par les articles 14 et 22 la faculté de se procurer des rentes constituées sur des particuliers, et leur laissant seulement par l'art. 18 la faculté de constituer sur le Roi, le clergé, les pays d'État, etc. ; or dans le cas où Sa Majesté ou ces différents corps sont forcées d'emprunter, il vaut encore mieux qu'ils trouvent des secours dans les facultés des gens de mainmorte, que dans l'argent des étrangers, puisque dans le premier cas le principal et les intérêts restent dans l'État ; au lieu qu'en se constituant le débiteur des étrangers, ceux-ci remportent leur principal doublé en fort peu de temps par des intérêts beaucoup plus forts que ceux auxquels ils auraient pu le faire valoir chez eux.

À la troisième objection, « que les gens de mainmorte étant assurés pour la plupart de leur subsistance et pouvant par leur façon de vivre se contenter de plus

LE TRAVAIL DES GENS DE MAINMORTE

petits profits que les séculiers, il résultera qu'une grande partie des arts et du commerce qui sont aujourd'hui exercés par ceux-ci passeront entre les mains des gens de mainmorte, ce qui laisserait ces particuliers sans emploi et sans ressource pour vivre », je réponds que plus les gens de mainmorte travailleront à bon marché, plus les profits dont ils se contenteront seront petits, et plus ils attireront de nouveaux genres d'occupations dans la nation qui multiplieront les moyens de vivre pour ces mêmes séculiers ; leurs gros fonds, leur économie et les petits profits dont ils se contenteront les mettront en état de former des entreprises qui seront toujours au-dessus des forces des capitaux des séculiers, tandis que nos négociants ne pourront pas se contenter de plus petits profits qu'aujourd'hui, et que ceux d'entre eux qui ont de gros capitaux continueront de trouver plus d'attrait à retirer leurs enfants du commerce qu'à les y élever. Ce défaut de permanence des capitaux de riches négociants dans le commerce rend indispensable la nécessité de le permettre aux gens de mainmorte, si nous voulons opposer des rivaux effectifs aux Hollandais, aux Hambourgeois et aux Anglais.

Ce ne sera donc qu'en permettant aux gens de mainmorte de tourner leurs gros fonds vers l'industrie et le commerce, que nous pourrons espérer de voir établir chez nous des moulins à scier des planches, des moulins à tirer l'huile de lin et un infinité d'autres inventions qui procurent aux étrangers des occupations dont nous manquons. Ce ne sera qu'avec le secours des capitaux des gens de mainmorte et les petits profits dont ils sont en état de se contenter, que nous pourrons nous flatter de voir les raffineries se multiplier chez nous et que nous pourrons retenir et raffiner nous-mêmes le sucre brut que les gros capitaux et les petits profits dont se content les Hambourgeois attirent à

Hambourg, malgré l'avantage que nous avons de le recevoir de la première main ; or ces différents surcroîts d'occupations et de commerce que nous procureront les gros capitaux et les petits profits des gens de mainmorte seront autant de nouvelles sources d'occupation pour nos séculiers, et de nouveaux moyens pour eux de gagner leur vie.

Mais quand même par les facilités que l'on accorderait aux gens de mainmorte de s'adonner aux manufactures et au commerce, il résulterait que plusieurs arts qui sont aujourd'hui entre les mains des séculiers passeraient entre celles des gens de mainmorte, ce fait même ne serait-il pas la meilleure de toutes les preuves qu'ils auraient plus d'aptitude à les exercer, et par là même ils les exerceraient plus abondamment avec plus d'avantage contre les étrangers et plus d'utilité pour l'État ; et en leur accordant des facilités pour cela, ferions-nous autre chose qu'obéir à cette maxime si vraie, « qu'il faut laisser au commerce la liberté de couler dans les canaux où il se trouve le mieux et vers les personnes qui peuvent l'exercer avec de moindres profits ; qu'en s'y opposant, on le force à prendre un autre cours, et à se répandre dans les régions et chez des peuples, où on lui laisse plus la liberté de suivre son cours naturel. »

Quand même il y aurait donc aujourd'hui une partie des arts exercés par les séculiers qui passeraient entre les mains des gens de mainmorte, il n'y aurait rien en cela qui dût nous effrayer ; pouvons-nous craindre que les séculiers manquent d'occupation, tandis que nous verrons nos terres, cette première de toutes les matières premières aussi peu cultivées qu'elles le sont et qu'elles seront susceptibles de tant de nouveaux genres de culture, et d'améliorations, qu'elles pourraient fournir de quoi occuper un peuple deux fois aussi nombreux que le nôtre ?

LE TRAVAIL DES GENS DE MAINMORTE

Pouvons-nous craindre que les peuples manquent d'occupations parmi nous, tandis que dans plusieurs contrées du Royaume, il faut encore avoir recours aux femmes pour faire les récoltes, tandis que nous consommerons du poisson pêché par les Hollandais, du tabac cultivé par les Anglais sur leurs terres et transporté par leurs vaisseaux, tandis que les mers et l'entrée des ports du Nord seront encore des objets nouveaux et presque inconnus aux vaisseaux et aux matelots français, tandis enfin qu'il nous restera encore tant de progrès à faire du côté de la culture, de la pêche et de la navigation, trois sources inépuisables d'occupation, de grandeur, de puissance et de prospérité pour ce Royaume ?

Il semblerait que nous craindrions toujours de manquer d'occupation et que nous ne craindrions jamais de manquer de peuple. Or un homme qui travaille et qui consomme est un débouché constant et un sujet d'occupation perpétuel pour un autre homme : nous avons donc bien plus à craindre de manquer de peuple que de moyens de l'occuper.

Il me reste à satisfaire à la quatrième objection qui roule, « que ce qu'en accordant la liberté aux gens de mainmorte de s'adonner aux manufactures et au commerce, ce serait les faire déroger à la sainteté de leur institut, et dès lors rendre méprisables aux yeux du vulgaire, ce qui pourrait rejaillir indirectement sur le respect dû à la religion. »

Je répondrai à cette dernière objection, que bien loin que le travail répugne à l'institution de l'état monastique, rien n'est plus analogue aux vues qu'ont eu les premiers fondateurs ; la règle de Saint-Benoît prescrit le travail à ceux qui professent : cette règle est la plus ancienne, et le prototype de toutes les autres.

Ce qui a donné tant de faveur aux disciples de Saint-Bernard, c'est qu'ils ont défriché de leurs mains et amélioré les possessions qu'ils ont actuellement.

À Rouen, les religieux de Saint-Yon ou de la doctrine chrétienne ont défriché et mis en valeur par leur assiduité et leur patience dans le travail des terrains qui seraient encore incultes et qui ne produiraient encore aucune valeur dans l'État, s'ils n'eussent jamais appartenu qu'à des séculiers.

À Rennes ce sont les religieuses qui brodent les manchettes de mousselines dont l'usage est si connu, et qui les brodant à meilleur marché que ne pourraient faire des séculiers donnent à un grand nombre de ces mêmes séculiers les moyens de gagner leur vie en les vendant tant en France que dans les pays étrangers.

Parmi les différents ordres religieux que nous connaissons, ceux qui donnent le meilleur exemple et qui sont en plus grande vénération parmi nous, sont ceux qui ont conservé l'habitude du travail. Les religieux de la Trappe et de Sept-Fonts, quoique très peu rentés trouvent le moyen de subsister du travail de leurs mains et de fournir encore à la subsistance d'un grand nombre de pauvres auxquels ils font des aumônes considérables.

Bien loin donc que le travail des gens de mainmorte puisse diminuer les égards dus à leur institution et influer sur le respect dû à la religion, ils seraient eux-mêmes, et le ministère qu'ils exercent bien plus respecté, si à la pratique de quêter et de mendier à laquelle une portion considérable des gens de mainmorte se vouent, on substituait la faculté de travailler et de vendre les produits de leur travail. Dès ce moment le peuple se trouverait soulagé de la taxe journalière qu'il leur paye pour leur subsistance : taxe qu'on pourrait évaluer à plusieurs millions, et qui pour être volontaire n'en est pas moins pesante, en ce qu'elle tombe plus directement sur le bas peuple, ce qui en diminuant sa propre aisance diminue aussi ses facultés pour payer les autres impositions.

Des religieux que l'assiduité au travail retiendrait dans leurs maisons, et qui par les fruits qu'ils en retireraient seraient en état de faire l'aumône au lieu de la recevoir, d'assister les malheureux au lieu de partager les secours que la charité des particuliers leur destine, inspireraient bien plus de respect, et pour leurs personnes et pour la sainteté du ministère qu'ils exercent, que lorsqu'on les voit avoir recours pour vivre aux moyens que la bonne police interdit, punit même dans les séculiers des classes les plus viles du peuple.

L'utilité publique, et la décence qui doit être attachée aux personnes qui professent un état plus saint que les autres, se réunissent donc également pour faire désirer que la faculté de travailler et de vendre les fruits de leur travail soit accordée aux gens de mainmorte ; ils ne peuvent le faire sans ajouter de nouvelles valeurs à celles qui sont déjà dans l'État. Il importe peu, comme nous l'avons déjà dit plus haut, par qui ces valeurs soient produites. Elles enrichissent toujours l'État qui les contient.

Nous n'avons point à craindre qu'il puisse en résulter d'inconvénient pour l'avenir, puisque le Roi sera toujours le maître d'arrêter le trop grand penchant qu'aurait la nation pour l'état monacal, en éloignant le temps où il serait permis de s'y vouer.

En accordant donc aux gens de mainmorte la faculté de travailler, de répandre dans la société les productions de leur travail et d'améliorer leurs fonds dans tous les genres (en tenant exactement la main à ce qu'ils ne puissent ajouter de nouvelles terres à celles qu'ils possèdent déjà, au désir de l'Édit de 1749), nous opposerons aux rivaux de nos arts et de notre commerce un puissant corps de réserve qui n'a point encore combattu. Il nous fournira de nouveaux genres d'industrie, de nouvelles sources d'occupation que nous ne pouvons, que nous ne devons, je le répète, jamais attendre des facultés de nos séculiers, tandis que le fils d'un négociant très riche trouvera moins d'agrément à suivre avec de gros capitaux la profession de son père, qu'à s'en faire un moyen de quitter son état pour passer dans un autre qui lui paraît préférable.

La faculté de travailler en déliant les bras des gens de mainmorte nous rendra une infinité d'hommes qui répareront en quelque façon ceux que nous avons perdu depuis 70 ans. Les hommes sont trop rares parmi nous vu l'étendue de notre pays pour ne pas s'occuper sérieusement de tirer parti de ceux qui nous restent, en les tournant continuellement vers les usages qui peuvent les rendre les plus utiles à la société. Douze heures employées par jour à des occupations purement spéculatives ne mettent rien dans l'État qui fasse connaître que ce temps a été employé utilement, au lieu que le même espace de temps employé au travail produirait une infinité de valeurs qui mettraient un grand poids dans la balance de notre commerce. De quelque voile qu'on veuille couvrir l'oisiveté, elle ne peut jamais être une vertu ; et si nous nous sommes accoutumés à croire qu'elle ait des droits sur nos cloîtres, quelle occupation plus digne du Bureau du commerce, plus analogue à ses fonctions, que de l'en chasser, ainsi que de tous les lieux où elle a pu encore se faire un asile. C'est bien moins en nous tenant étroitement attachés à ce qu'on a fait dans les temps qui nous ont précédé que nous pouvons contribuer au bonheur présent et futur de notre pays, qu'en tenant les yeux ouverts sur les circonstances actuelles pour en tirer continuellement tous les avantages qu'elles peuvent nous offrir, et surtout en faisant concourir tous les hommes que nous possédons à l'utilité publique, quelque puisse être le nom ou l'habit qu'ils portent.

Mais il est temps de rentrer dans l'espèce particulière qui fait l'objet de la contestation sur laquelle il s'agit de prononcer.

Vous avez entendu, Monsieur, que les moyens sur lesquels les maire et échevins d'Angers, les raffineurs de cette ville, ceux de La Rochelle et d'Orléans, et les six corps des marchands de Paris s'opposent à la construction d'une raffinerie de sucre que les Jésuites de La Flèche ont commencé à faire à Angers sur un terrain qui leur appartient se réduisent à dire,

1° que malgré protestations contraires des Jésuites, c'est pour leur compte, et sous le nom du Sieur Miette de la Planche auquel les Jésuites prétendent avoir loué ce terrain sans en représenter le bail, que cette raffinerie sera exploitée.

2° et c'est ici le principal moyen des maire et échevins d'Angers que ce terrain étant situé dans l'enceinte des murs de la ville et avoisinant d'autres maisons, il n'est pas possible de tolérer en cet endroit l'établissement d'une raffinerie, tant à cause des incendies qui ne sont, dit-on, que trop fréquents dans ces sortes de manufactures qu'à cause des vapeurs du charbon de terre et des matières corruptibles qu'on y emploie, et qui causeraient une telle incommodité aux maisons voisines qu'elles ne seraient plus habitables.

Ces mêmes maire et échevins ont enfin fondé leur opposition à l'établissement de cette raffinerie sur ce qu'il a été commencé sans en avoir demandé la permission, contre la disposition de l'arrêt de 1723 qui défend d'établir de nouveaux feux.

Il est aisé de sentir que ces motifs d'opposition ne sont autre chose que l'effet de la jalousie des raffineurs d'Angers, de La Rochelle et d'Orléans et des six corps des marchands, et que cette jalousie n'a d'autre fondement que la crainte de la concurrence, toujours si formidable à l'intérêt particulier, et qui par là même est si intimement liée à l'intérêt public, que ceux qui désirent l'avantage de l'État ne sauraient trop la susciter et la fomenter.

La raffinerie qui a commencé à s'élever à Angers, soit qu'elle doive être tenue à loyer par le Sieur Miette, soit qu'il soit le prête nom des Jésuites ou qu'il doive l'exploiter pour leur compte, ne peut, ne doit être regardée que comme une amélioration de leur terrain, et non comme une contravention à l'Édit du mois d'août 1749 dont elle est une suite forcée et salutaire.

Je pense donc que les raffineurs d'Angers, de La Rochelle et d'Orléans et les six corps des marchands de Paris doivent être déboutés de leur opposition pour avoir indûment troublé le Sieur Miette.

Quant à l'opposition formée par les maire et échevins d'Angers à l'établissement de cette raffinerie sous prétexte des incendies et de l'incommodité qu'elle pourrait occasionner, il paraît, suivant l'avis de M. l'intendant de Tours, que cette opposition des maire et échevins ne doit pas mériter beaucoup d'égards, et qu'ils ont plus écouté les plaintes des raffineurs que l'intérêt de leur ville ; en effet on ne saurait se persuader que trois raffineries puissent être à charge à la ville d'Angers, tandis que la seule ville d'Hambourg en contient plus de cent, et que cette multitude de raffineries, qui n'occasionne aucun accident, est au contraire le premier fondement de son opulence ; je serais donc d'avis de donner aussi main levée au Sieur Miette de l'opposition des maire et échevins, mais sans dépens pour ne s'être pas fait autoriser avant de commencer son bâtiment suivant l'arrêt de 1723, qui défend d'établir de nouveaux feux sans permission.

Mais dans le cas où le Conseil penserait différemment et jugerait à propos d'avoir égard à l'opposition

LE TRAVAIL DES GENS DE MAINMORTE

des maire et échevins, il devrait toujours être permis au Sieur Miette ou aux Jésuites d'élever une raffinerie sur tel autre terrain à eux actuellement appartenant qu'ils jugeraient à propos hors des murs de la ville d'Angers, et je pense que dans l'arrêt qui interviendra, il serait à propos d'insérer une clause par laquelle il serait expressément déclaré que sans déroger à l'Édit du mois d'août 1749, et en confirmant toutes ses dispositions, il sera permis à tous gens de mainmorte d'élever sur les terrains qu'ils possèdent déjà tels bâtiments, raffineries, moulins ou autres inventions qu'ils jugeront à propos à cause des avantages qui en résulteront à la société séculière et à l'État en général, avec faculté entière de les louer à des séculiers, ou de les exploiter ou faire exploiter par eux-mêmes, en les assujettissant aux mêmes charges qui seraient supportées par les séculiers en pareil cas, et ce en attendant qu'il plaise à Sa Majesté par une déclaration expresse et authentique permettre à tous gens de mainmorte de travailler de leurs mains et de mettre le produit de leur travail dans le commerce, en leur interdisant de recevoir des aumônes, et nommément aux religieux non possédants de mendier et quêter, vu les inconvénients et la surcharge qui en résulte pour le peuple, et ce sous telles clauses et conditions qui seront jugées convenables et qu'il plaira à Sa Majesté de leur prescrire.

Mémoire sans titre, portant des questions diverses sur le commerce

Sans date (vers 1756)

S'il serait avantageux à la province qu'il fût permis de faire de l'eau-de-vie de grain, et si ce ne serait pas un moyen d'augmenter la culture du froment.

S'il ne serait pas avantageux à la province de faire commerce au Levant et de pouvoir y envoyer directement ses vaisseaux ; dans ce cas il serait essentiel de faire demander cette faculté par la province, attendu le privilège exclusif dont jouit à cet égard la ville de Marseille, lequel n'est fondé que sur l'usage, et sur aucun titre.

Pourquoi y a-t-il eu 14 raffineries à Nantes, et n'en reste-t-il que 4 ? Quelle est la cause de la chute des autres dans un temps où elles se sont autant multipliées à Hambourg ?

S'il serait utile de faire quelques changements dans l'Ordonnance de la marine pour la nourriture des équipages dans les voyages de Guinée et des Indes orientales, de retrancher une partie de la viande et d'y substituer du riz et du gruau.

Si les chiffons s'emploient dans la province pour faire du papier, et s'il est vrai qu'il s'en enlève beaucoup pour le pays étranger par le port de Nantes ou les autres ports de la province.

Si les Anglais en temps de paix continuaient à nous apporter des laines d'Angleterre, s'il en venait aussi d'Irlande.

QUESTIONS DIVERSES SUR LE COMMERCE

Il serait bon de se faire informer de quelle façon les manufactures de toile sont régies tant en Silésie qu'à Hambourg. Si l'État prend quelque précaution pour en assurer la qualité envers l'acheteur, s'il y a des règles fixes pour la largeur et la longueur des pièces, et comment on s'y prend pour les faire exécuter. Si l'État ordonne des visites chez les ouvriers et lorsque la toile est sur le métier.

S'il y a des peines, des confiscations et des amendes contre l'ouvrier dont la pièce est trop courte, trop étroite ou mal fabriquée.

S'il faut des permissions pour faire détailler dans une largeur qui n'est pas usitée.

Le commerce des eaux-de-vie est-il augmenté ou diminué à Nantes, indépendamment des circonstances de la guerre ?

Quel était l'état du commerce de Guinée avant la guerre, quels seraient les moyens de l'étendre ? Pourquoi les Anglais ont-ils traité jusqu'à présent plus de nègres que nous, et pourquoi sont-ils en état de les donner à meilleur marché ?

Quelle serait l'utilité pour la ville de Nantes et pour les colonies de la liberté de traiter des nègres à la côte du Sénégal ? Quels sont les inconvénients pour l'État du défaut de liberté d'y faire la traite des nègres ?

S'il serait avantageux pour la ville de Nantes de pouvoir faire le commerce du castor au Canada.

Quel est l'objet du commerce avec le Canada, en temps de paix, à Nantes ?

Quel est l'objet du commerce de la ville de Nantes avec la Louisiane ? Quels sont les moyens de l'augmenter ? Si l'on serait disposé à y faire passer des nègres dans la conjoncture présente et sur quel pied ?

Si l'on est dans le cas de faire un traité de commerce avec la Russie. Quels seraient les articles qu'il conviendrait de stipuler dans un pareil traité ? On serait bien aise de recevoir quelque instruction sur cela. L'établissement de quelques maisons françaises en Russie pourrait mériter la considération des négociants de Nantes vu la consommation de sucre, d'eau-de-vie et de sel qui se fait dans ce pays-là, ainsi que d'autres marchandises de France, et la nature des productions de ce pays-là.

Quel est l'objet ordinaire du cabotage de Nantes en temps de paix ? Quelle quantité de bâtiments s'y occupent ?

Le détail des droits et des bureaux sur la rivière de Loire.

Quel est l'avantage ou l'inconvénient des Bureaux de contrôle établis à Nantes pour la draperie et pour les toiles ?

Moyens simples de nuire aux Anglais en nous fortifiant

Sans date (vers 1756)

Après une conquête aussi glorieuse que celle de Minorque, on ne saurait s'occuper d'aucune chose qui fût plus utile à l'État et qui tende plus efficacement à affaiblir la culture, la population des colonies anglaises et leur navigation, que de prendre dès à présent et au milieu de la guerre les mesures les plus convenables pour nous passer du tabac de Virginie et de Maryland et nous affranchir pour jamais du tribut que nous payons pour cette plante aux Anglais, qui monte chaque année à près de 4 millions de notre monnaie. Tant que nous leur payerons annuellement une somme aussi considérable, nous nous battrons pour ainsi dire contre notre propre argent et contre des troupes que nous soudoyons. En effet, rien de plus contradictoire en soi que d'envoyer d'un côté avec beaucoup de dépense et de risque des troupes en Canada pour repousser les attaques des habitants de la Virginie et de Maryland, tandis que de l'autre nous mettons par un tribut annuel ces mêmes habitants en état de nous envahir et même de payer des troupes étrangères pour nous attaquer avec plus d'avantage. Il faut que nous soyons prodigieusement aveugles sur nos véritables intérêts pour n'avoir pas senti que tout l'argent que nous avons payé à l'Angleterre depuis que nous avons fait arracher nos plantations de tabac en Guyenne étant employé à augmenter la culture en Virginie, à enrichir cette colonie et celle de Maryland, à y attirer chaque jour de nouveaux habitants, à les fortifier enfin tellement qu'elles se trouveraient un jour en état d'envahir les nôtres. C'est au milieu des tentatives qu'elles font pour l'exécuter et au milieu de la guerre la plus injuste, que nous payons encore aux Anglais ces mêmes 4 millions, qui par la certitude du payement sont déjà tournés contre nous avant d'être arrivés chez eux. Le commerce du tabac tel que nous l'avons fait avec l'Angleterre a tous les caractères du commerce le plus ruineux pour l'État, en ce qu'il n'est point de notre cru, en ce qu'il n'est point transporté par nos propres vaisseaux, en ce que nous ne le revendons point à l'étranger et en ce que tous les produits en sont employés contre nous. Le tabac que nous tirons de l'Angleterre ne peut donc jamais être regardé comme un objet de commerce, mais seulement d'un tribut que nous payons à l'Angleterre. Or il n'y eut jamais de conjoncture plus favorable pour s'en affranchir. La politique et la justice, ce que chaque État se doit à lui-même, se réunissent en cela à ce que demande l'utilité publique et à l'intérêt de l'État. Il n'est pas naturel d'enrichir un ennemi de gaieté de cœur, qui n'est occupé qu'à nous nuire et qui tourne contre nous tous les avantages que notre indifférence lui a laissé prendre. Il ne faut pas attendre à la paix pour prendre des mesures convenables pour mettre la colonie de la Louisiane en état de nous fournir du tabac et de nous passer de celui des Anglais. Tout retardement devient si dangereux après les exemples que nous avons qu'aucun des projets qui ont été donné sur cette matière n'ont été admis, quoique parmi le grand nombre de ceux qui ont été proposé, il y en ait eu d'excellents, et dont l'exécution eut été peu coûteuse. Des considérations particulières à la paix pourraient encore éloigner l'exécution de celui-ci ; il est d'ailleurs plus glorieux et plus prompt de l'entreprendre au milieu de la guerre, et il est possible d'y réussir. Chacun sait que les nègres sont la première source des productions dans des colonies. Il ne s'agit que d'exciter par des récompenses et des encouragements les négociants à y en faire transporter, soit par leurs propres vaisseaux, soit en leur laissant la liberté de se servir de ceux des nations amies. Une gratification un peu forte et proportionnée aux risques actuels, accordée par chaque tête de nègre débarqué à la Louisiane pendant le courant de l'année 1757 exciterait un grand nombre de personnes à tenter l'aventure avec une très petit dépense pour l'État. Chaque nègre qui serait arrivé dans la colonie serait bientôt employé à la culture du tabac comme à celle qui est la plus aisée et dont on recueille plus tôt les fruits. Une augmentation de la gratification que l'État accorde déjà par chaque quintal de tabac apporté en France, qui serait justifié être du cru et du produit de la Louisiane, augmenterait encore l'ardeur pour la culture de cette plante. Dès ce moment, la somme du tribut que nous payons à nos ennemis diminuerait et nous commencerions à nous enrichir de ce qu'ils commenceraient à perdre. Suivant que l'importation des nègres aurait été plus ou moins forte en 1757, que les risques de la mer seraient plus ou moins grands, on pourrait l'augmenter ou la réduire dans les années suivantes ; et en peu de temps, peut-être avant 7 ou 8 ans, nous nous trouverions en état de nous passer totalement du tabac des Anglais ; chaque année verrait diminuer leur force et augmenter la nôtre. Bientôt les 17 ou 18 millions de livres de cette plante que nous consommons en France étant prises chez nous-mêmes et transportées par nos vaisseaux feraient passer à la Louisiane et en France la culture et la navigation de la Virginie et du Maryland ; le nombre des habitants y augmenterait avec le commerce. Ce ne serait plus 60 ou 80 vaisseaux anglais qui seraient occupés chaque année à transporter de l'Amérique en Angleterre et d'Angleterre en France la provision de tabac qui nous est nécessaire. Autant de vaisseaux français prendraient leur place, et au lieu de leur former des matelots à nos frais, nous en formerions pour notre navigation et pour le service du Roi. La culture du tabac une fois établie à la Louisiane serait bientôt suivie de celle du riz, de l'indigo et d'une infinité d'autres productions, qui augmenteraient chaque jour avec une utilité réciproque le commerce et les relations entre cette colonie et la métropole. Un pareil dessein entrepris et exécuté à la face de toute l'Europe et au milieu des efforts d'une nation jalouse et ennemie, augmenterait le désespoir des Anglais de nous avoir forcé eux-mêmes à ouvrir les yeux sur nos véritables intérêts. Que si par représailles et pour embarrasser la ferme du tabac, qui malheureusement et principalement fonde son approvisionnement sur le tabac de Virginie et de Maryland, l'Angleterre défendait de nous fournir du tabac dès à présent, elle nous rendrait un très grand service, en nous forçant d'avoir recours sur le champ à d'autre tabac que le leur. Mais ils craindront toujours qu'une pareille prohibition n'augmentât le mécontentement des colonies envers la métropole. Elles pourraient se plaindre de ce qu'après avoir attiré sur elles les armes des Canadiens et des sauvages attachés à la France, l'Angleterre leur défendit encore la vente d'une denrée qui est presque la seule production de leur pays et qui en fait toute la richesse.

Il n'y a donc aucun inconvénient à entreprendre dès à présent d'encourager ouvertement la culture du tabac à la Louisiane, afin de nous passer de l'Angleterre et de nous enrichir en l'affaiblissant. Il n'en peut résulter au contraire que des avantages pour l'État et une augmentation de gloire, en joignant à celle que donne la valeur et qui s'acquiert par les armes, la considération qui est due à toute nation, qu'en connaissant ses véritables intérêts prend les mesures convenables pour les suivre.

En favorisant la culture du tabac à la Louisiane, le Roi y transplantera pour ainsi dire en un instant la force et la richesse des colonies anglaises. Il sapera sans violence, mais d'une façon sûre, la puissance de cette nation, aujourd'hui la seule ennemie du nom français, la justice et la modération de Sa Majesté lui ayant concilié la confiance et l'amitié de toutes les autres nations du monde. Enfin l'époque de la culture du tabac dans nos colonies sera celle de leur puissance et un nouveau sujet de reconnaissance des Français envers un Roi à qui elle devra cet avantage et tous ceux qui doivent en être la suite nécessaire.

Pièce détachée sur l'intérêt de l'argent

Sans date

Avec la différence de l'intérêt qui fait trouver aux Anglais de l'empressement et des facilités pour entreprendre la pêche du hareng et pour aller peupler la Nouvelle-Écosse et qui nous empêche de mettre en valeur une colonie aussi précieuse que la Louisiane, l'espérance de trouver plus de 3% de leur argent dans les nouveaux établissements les fait s'y porter avec ardeur, tandis que la crainte de ne pas trouver 5% du nôtre fait que nous aimons mieux le laisser à constitution. Partout la différence d'intérêt met leur bras en action tandis qu'elle lie les nôtres.

Il en doit donc résulter chez nous une oisiveté forcée qui est la cause de mendicité. C'est une maxime généralement reçue qu'un pays est plus ou moins peuplé à proportion du plus ou moins d'emploi et d'occupation qu'y a le peuple, et qu'à proportion du plus ou moins d'emploi, le peuple subsiste plus aisément ou plus difficilement et est plus ou moins riche.

Ainsi tout ce qui donne de l'emploi au peuple dans un pays enrichit ce pays-là et tout ce qui lui en ôte l'appauvrit.

Si nos voisins donnent à leur peuple plus d'emploi et plus d'occupation que nous en donnons au nôtre, ils attireront notre peuple chez eux où se feront les avantages qu'ils retireront du travail de leur peuple. Ils feront que le nôtre mourra de faim ou sera obligé de mendier.

SUR L'INTÉRÊT DE L'ARGENT

Notre pays est meilleur que la Hollande, aussi bon que l'Angleterre et ses productions plus variées ; pourquoi cependant y'a-t-il plus de mendiants en France qu'en Hollande et en Angleterre ?

Je crois qu'entre plusieurs causes qui concourent à cela une des principales est la différence de l'intérêt de l'argent, qui étant dans ces deux pays communément à 2% et à 3% et quelquefois au-dessous fait que partout où nous nous trouvons en concurrence avec elles, nous gagnons toujours moins et nous perdons toujours plus, et nous empêche d'entreprendre plusieurs branches de commerce et nous force à en abandonner d'autres qui donneraient beaucoup d'occupations à notre peuple. La différence du prix de l'intérêt de l'argent fait naître l'industrie chez eux et l'étouffe chez nous. En effet ils entreprennent avec ardeur tout ce qui peut donner plus de 3% de bon compte et nous sommes obligés d'abandonner tout ce qui ne rapporte pas 5 à 6%. Quels avantages n'ont-ils donc pas vis-à-vis de nous pour étendre leur commerce, les nouveaux établissements, la culture, etc. ?

Deuxième partie

Correspondance privée et administrative

Lettre à Maurepas

Amsterdam, le 5 mars 1747

Monseigneur,

En vertu de la permission qu'il vous plût de m'accorder par votre dépêche du 28 octobre dernier de passer en Angleterre, je partis pour m'y rendre le 5 novembre et je n'en suis revenu que depuis 5 à 6 jours. J'ai employé le séjour que j'y ai fait à m'instruire avec toute l'exactitude qui a dépendu de moi des produits et de l'état des diverses colonies anglaises en Amérique, de la navigation immense à laquelle elles donnent lieu entre elles et l'Angleterre, de leur commerce en Italie, dans le Levant, en Allemagne dans la mer Baltique, et enfin de diverses causes qui concourent à faire soutenir à la nation anglaise le grand rôle qu'elle joue en Europe.

Je m'en vais travailler sans perte de temps à mettre dans le meilleur ordre qui me sera possible les observations que j'ai faites sur ces divers objets, mais j'ai cru, Monseigneur, qu'en attendant que je puisse vous rendre sur tout cela un compte aussi exact que je me le propose, je ne devais pas différer à vous informer de l'état où j'ai trouvé l'Angleterre et des dispositions où il m'a semblé qu'était la nation par rapport à la guerre présente.

Depuis la défaite des troupes du Prince Édouard à Culloden, le crédit de la nation qui avait été prêt à s'écrouler s'est raffermi avec encore plus de rapidité qu'il n'avait été ébranlé.

Les particuliers qui s'étaient crus à la veille de perdre leur bien dans le bouleversement de la constitution présente à laquelle ils sont persuadés que leurs fortunes soient attachées n'ont pas plutôt vu le péril qu'ils se sont empressés d'employer ces mêmes fortunes à fournir au gouvernement tous les moyens de remplir ses vues pour la continuation de la guerre. J'ai été témoin, Monseigneur, que pour 4 millions de livres sterling que le Parlement a rendu de lever par souscription pour subvenir aux dépenses extraordinaires de l'année présente, il s'est trouvé 6 millions de souscrits en moins de 24 heures, en sorte que le ministère a été obligé de retrancher au moins le tiers des sommes souscrites. Mais quelque grand que soit le zèle que les particuliers ont témoigné en cette occasion, il aurait été infructueux si ces mêmes particuliers n'avaient pas été riches, et ils ne sont riches que parce que depuis la guerre la nation a continué à faire un très grand commerce, lequel n'a souffert dans presque aucune de ses branches et a donné des profits considérables et extraordinaires dans d'autres. Quelque détail en convaincra.

Une des branches du commerce des Anglais qui semble avoir le plus souffert par la guerre est leur navigation. La quantité de vaisseaux que les Français et les Espagnols ont pris sur eux est effectivement considérable, mais ceux qu'ils ont pris sur les deux nations les surpassent si fort en valeur que la balance sur ce point penche de beaucoup de leur côté. Quelques-uns la font monter à 4 millions de livres sterling, mais je crois qu'on approchera plus de la vérité en la réduisant à 1 500 mille l. st. ou à peu près 36 millions de notre monnaie. Quoique les compagnies d'assurances établies à Londres aient été d'une grande ressource pour les négociants français et espagnols dont les effets sont tombés entre les mains de l'ennemi, cependant ces mêmes compagnies sont une source de profit très considérable pour la nation anglaise. Depuis surtout que par la révolution arrivée à Gênes, les appréhensions où l'on a été pour Marseille, les fréquentes banqueroutes ou les chicanes des assureurs d'Amsterdam, les Anglais sont devenus presque les seuls assureurs de l'Europe. La preuve du profit que la nation anglaise en général fait par ce commerce est sensible. Lorsqu'un vaisseau français ou espagnol est pris par les Anglais, la nation acquiert toute sa valeur, dont les assureurs à cause des primes considérables qu'ils reçoivent remboursent au plus les deux tiers au propriétaire. Ainsi il reste au moins un tiers de bon à la nation sur tous les vaisseaux assurés chez elle qui sont pris, et outre cela elle reçoit en pur profit les primes sur tous les vaisseaux français et espagnols assurés en Angleterre qui vont et reviennent heureusement. La somme à laquelle ces primes montent chaque année est fort considérable ; celles que les deux compagnies d'assurance et les particuliers ont reçu pendant l'année dernière excèdent 800 mille livres sterling ou à peu près 19 millions tournois, somme que l'on peut regarder comme revenant en pur gain à la nation anglaise, puisque le remboursement de la valeur des vaisseaux assurés qui sont pris se retrouve avec avantage dans la prise même.

Les colonies anglaises qui ne produisent que des marchandises de gros volume, telles que le goudron, les planches, le riz, le chanvre, le tabac, etc., ont souffert à la vérité, en ce que le prix de la plupart de ces marchandises n'ayant pas augmenté en Europe à proportion des frais du transport, les habitants ont été obligés d'en garder beaucoup en pure perte pour eux faute de pouvoir leur procurer un débouché. Mais ce désavantage a été en partie compensé par l'augmentation du prix des sucres qui croissent dans les mêmes colonies, et parce qu'ils se sont adonnés à la Caroline et ailleurs à la culture de l'indigo à laquelle ils ne réussissent que trop bien.

Il semblerait que l'interruption du commerce entre l'Angleterre et l'Espagne aurait dû porter un préjudice considérable aux manufactures anglaises, mais outre que l'introduction de ces manufactures en Espagne n'a jamais totalement cessé (les Anglais ayant trouvé moyen en les faisant teindre et emballer en Hollande de les faire passer en Biscaye d'où elles se sont répandues ensuite dans l'intérieur de l'Espagne), ils ont continué par le moyen de leurs magasins à la Jamaïque et de leurs vaisseaux interlopes à fournir le Royaume de Terre-Ferme de leurs marchandises, et même le Pérou par Puertovelo dont ils sont les maîtres. D'ailleurs la précaution qu'ils ont eu d'engager la Reine de Hongrie à défendre dans ses États l'introduction des marchandises de France les a bien plus que dédommagé de ce qu'ils pourraient avoir perdu par la cessation du commerce avec l'Espagne, car les sommes prodigieuses que la France, l'Espagne, la Hollande et l'Angleterre elle-même ont dépensé en Allemagne depuis 7 ans ayant extrêmement enrichi ce pays-là, ont produit une telle augmentation dans les consommations que les négociants avouent que la demande pour les étoffes de laines y a triplé depuis la guerre. Et comme une branche en produit une autre, ils ont introduit à Vienne et dans plusieurs autres cours d'Allemagne l'usage de leurs soieries et de leurs étoffes d'or et d'argent qui prennent la place de celles de Lyon. D'où il résulte que les Anglais font rentrer chez eux par le commerce non seulement l'argent qu'ils ont dépensé eux-mêmes en Allemagne, mais même celui que nous y avons répandu. On peut dire la même chose par rapport à l'Italie où ils envoient actuellement beaucoup plus de marchandises qu'ils ne faisaient avant la guerre.

Les diverses ventes que la Compagnie des Indes orientales a fait à Londres l'année dernière ont monté à plus de 2,5 millions de livres sterling, tandis qu'avant la guerre elles n'allaient pas à 2 millions. C'est encore l'Allemagne qui a occasionné cette augmentation de valeur et de demande, parce qu'elle tire d'Angleterre et de Hollande ce qu'elle achetait auparavant chez nous.

Les Anglais ont encore prodigieusement augmenté leur commerce avec la Russie ; ce qu'ils ont acquis dans cette dernière branche, ils l'ont enlevé aux Hollandais. On compte que ce commerce entre la Russie et l'Angleterre va tous les ans à 3 millions sterling ou 72 millions tournois ; le seul transport du chanvre occupe chaque année plus de 300 vaisseaux ; on évalue à 100 mille livres sterling la potasse ; et ils introduisent beaucoup de draps, d'eau-de-vie, d'étain, de sucre, de plomb, etc. Ils tirent encore de Russie plus de 18 000 quintaux pour la consommation de l'Italie.

Outre ces diverses preuves de l'état florissant où sont les diverses branches du commerce en Angleterre, il y en a une qui les renferme toutes. C'est que la nation payant tous les ans au dehors au-delà de 2 millions de livres sterling en divers subsides et pour l'entretien de ses troupes, et en outre près de 700 mille livres sterling pour les intérêts à raison de 4 pour cent sur 15 millions sterling dus à la Hollande et environ 2,5 millions dus au canton de Berne et aux autres étrangers, non seulement la remise de sommes aussi considérables n'a point fait baisser le change avec la Hollande comme naturellement cela eut dû arriver, mais au contraire il s'est soutenu sur un pied plus favorable à l'Angleterre qu'il n'était avant la guerre, preuve certaine qu'ils lui rendent encore plus de richesses par le commerce que ses dépenses dans l'étranger n'en font sortir.

Il résulte de là, Monseigneur, que les particuliers qui retirent de grands avantages du commerce au milieu même de la guerre ne s'en lassent point et ferment les yeux sur les dettes immenses où la nation se plonge de plus en plus. Ce particulier qui gagne ne porte pas ses vues au-delà du présent et s'embarrasse peu que l'État se ruine, tandis qu'il profite. C'est ce qui fait que malgré le sentiment d'un nombre de gens sensés qui voudraient la paix pour arrêter le progrès de la dette prodigieuse que l'État a contractée, il n'y a qu'un cri pour continuer la guerre contre la France. L'état florissant où nos pertes leur ont appris qu'était parvenu notre commerce leur fait craindre qu'il ne se relève, s'ils ne l'écrasent pas entièrement, et que nous ne leur arrachions une partie des avantages dont ils sont si jaloux et qui sont en effet la source de leur puissance. C'est pour cela, Monseigneur, qu'ils méditent continuellement de nouvelles entreprises pour détruire tout ce qui peut contribuer à soutenir notre navigation. Le Canada et le Mississipi sont à présent l'objet de leur jalousie. Des particuliers tant d'Europe que de l'Amérique ont donné au gouvernement plusieurs projets pour attaquer ces deux colonies. J'ignore quel en sera l'effet.

Il n'est pas douteux non plus qu'ils ne continuent tous leurs efforts pour intercepter nos vaisseaux de Saint-Domingue et de la Martinique.

Le dernier armement de l'amiral Anson dans la saison la plus rude de l'année n'avait d'autre but que de s'emparer du trésor qui était attendu à la Havane. Ce que l'on a appris touchant les vaisseaux qui l'apportaient a fait voir combien les mesures qu'ils avaient pris pour les intercepter étaient justes. On ne doit pas se flatter qu'ils perdent de vue un objet aussi considérable qui pourra encore se trouver grossi par les retours que produiront les vaisseaux partis de Cadix pour la Veracruz le 22 décembre dernier.

Lorsque je suis parti de Londres, il avait été question d'envoyer 8 vaisseaux de guerre à la Jamaïque, mais les vaisseaux que l'on destinait à cela ont eu des contre-ordres. Il est cependant à présumer que l'on ne tarde pas à y envoyer quelque escadre.

On parlait beaucoup aussi de tenter une descente sur les côtes de France ou de Flandre pour causer une diversion en face des alliés lorsque les opérations de la campagne seront commencées.

On arme à Pool deux vaisseaux de guerre, le Rippon et le Pool de 60 canons chaque auxquels on joint une corvette pour aller faire la course sur nos vaisseaux qui vont travailler à la côte de Guinée.

Le duc de Kingston s'est intéressé aux quelques autres seigneurs pour une somme fort considérable dans un armement de deux corsaires de 40 canons et d'un 3ème vaisseau de moindre force. On ignore la destination de cette entreprise qui coûtera plus d'un million de livres ; j'ai su seulement que l'on a tiré du service de la Compagnie des Indes deux officiers qui doivent en avoir la direction.

Je ne dois pas omettre ici, Monseigneur, que les Anglais voient avec beaucoup de jalousie les progrès que le commerce a fait en France sous votre ministère et l'attention avec laquelle vous veillez à sa conservation. Ils avouent que les convois que vous avez accordés aux vaisseaux qui vont et qui viennent de l'Amérique ont sauvé cette branche si enviée. L'ordonnance du Roi datée du camp devant Cournay le 14 mars 1745 fait l'objet de leurs éloges. Ils l'ont traduite en leur langue. Je l'ai lue répétée dans plusieurs ouvrages. Ils la proposent au ministère anglais comme une preuve de l'attention du gouvernement de France à la conservation du bien des sujets en même temps qu'ils proposent pour exemple à leurs amiraux, le désintéressement, la bravoure et la bonne conduite, avec laquelle les officiers du Roi qui ont été chargés de la conduite de ces convois s'en sont acquittés. L'auteur d'un livre[1] imprimé à Londres peu de temps avant mon départ se sert de la protection marquée que depuis quelques ans, le ministère accorde au commerce en France, comme d'un argument pour porter ses compatriotes à hâter sa destruction, de peur qu'à l'abri des soins que l'on en prend, il ne redevienne plus florissant que jamais.

La façon de penser des Anglais au sujet de la restitution du cap Breton est fort partagée. Ceux qui regardent la paix comme nécessaire pour arrêter le progrès de la dette de l'État sont d'avis qu'on le rende et que cet objet ne doit pas retarder d'un instant la conclusion de la paix ; mais les gens qui pensent ainsi ne sont pas le plus grand nombre. Le gros de la nation, plusieurs membres de la chambre des communes et particulièrement les représentatifs des villes de l'ouest d'Angleterre qui sont les plus intéressés à la pêche de la morue insistent sur la nécessité de la garder à tout prix, quand même l'Angleterre par son opiniâtreté à cet égard devrait se voir abandonnée de tous ses alliés. Et dans la nécessité de soutenir la guerre seule contre la France, ils prétendent que la possession de cette place, en les rendant maîtres de presque toute la pêche de la morue, les dédommagera amplement de toutes les dépenses qu'ils pourront faire pour la conserver. Ce sentiment est si fort adopté que l'opinion générale est que le ministre le plus porté à la rendre n'oserait pas en faire la proposition dans le Parlement, à moins que quelque évènement désavantageux aux Anglais ne les prépare à s'en détacher pour se procurer la paix.

---

[1] Ce livre intitulé : *The present State of the Nation consider'd*, est attribué à Mylord Carson, aujourd'hui Mylord Granville.

LETTRE À MAUREPAS

Les dettes de l'Angleterre vont aujourd'hui à près de 70 millions de livres sterling ou à peu près 1 500 millions de notre monnaie. C'est par l'immensité de cette dette qu'ils ont mis la Reine de Hongrie et le Roi de Sardaigne en état de soutenir la guerre contre la France et l'Espagne, et qu'ils ont gagné à ce qu'ils appellent la cause commune tous les princes qui sont actuellement dans leur alliance. Mais la grandeur de cette même dette nous donne des avantages infinis contre eux, qui peuvent nous conduire à saper leur commerce, si nous nous servons des moyens que nous avons pour cela.

La grosseur de la dette de la nation anglaise a déjà produit un effet pernicieux pour leur commerce, en ce qu'elle a porté l'intérêt de l'argent à 5% au lieu de 3,5% à quoi il était réduit avant la guerre. D'ailleurs la quantité de taxes qu'il a fallu établir pour subvenir au paiement des intérêts sur une somme aussi considérable tombent en partie sur les ouvriers et les artisans, quelque soin que l'on ait tâché de prendre pour les écarter de tout ce qui pouvait influer sur le commerce.

Ces taxes et l'augmentation de l'intérêt de l'argent rendant la vie plus chère à l'ouvrier renchérissent aussi le prix de son travail et le produit des manufactures, en sorte que quand la paix se fera, il sera impossible que les Anglais puissent ramener de longtemps leurs fabriques au prix où elles étaient avant la guerre ; ce qui contribue à faciliter le débouché des nôtres. Mais on pourrait porter encore cet avantage plus loin, en ôtant en France les droits sur l'huile, le savon, la chandelle, le cuir et enfin sur les choses qui servent à la nourriture ou à l'usage immédiat du peuple qui, pouvant travailler à meilleur marché, rendrait par là la différence du prix des marchandises d'Angleterre aux nôtres encore plus grande et plus sensible. Et afin que les revenus du Roi ne souffrissent point du retranchement de ces droits, on pourrait y suppléer par des taxes qui tombassent uniquement sur le luxe, telles que celles dont les Anglais viennent de nous donner l'exemple sur les équipages, sur la multiplicité des domestiques, sur toutes les maisons qui ont au-delà de 10 fenêtres, etc.

En même temps que les Anglais semblent ne respirer que la continuation de la guerre contre la France, ils témoignent l'empressement le plus vif pour faire la paix avec l'Espagne à cause des avantages qu'ils se promettent d'en retirer du côté du commerce. C'est dans cette vue qu'il a été proposé dans le Parlement d'admettre toutes les marchandises du cru d'Espagne malgré la guerre, dans l'espérance que cette démarche déterminera la cour d'Espagne à accorder une permission réciproque pour l'introduction des marchandises anglaises. On avait d'abord insisté sur ce qu'il fallait ouvrir provisoirement le commerce avec l'Espagne, mais le Parlement ayant considéré qu'une pareille démarche serait contraire à la dignité de la nation, à moins qu'au préalable on ne fût assuré d'un retour réciproque de la part de l'Espagne, il a été résolu de ne rien précipiter, et la proposition est restée sans effet ; elle devait cependant être remise sur le tapis au premier jour.

Voilà, Monseigneur, une partie des choses que j'ai observées pendant mon séjour en Angleterre. Je tâcherai de vous rendre compte incessamment des autres, mais attendu que le retardement du trésor qui était destiné pour Cadix va tenir notre commerce dans une espèce de langueur, je me suis déterminé à voyager encore pendant quelque temps, et à aller faire quelque séjour dans les villes les plus commerçantes d'Allemagne. J'y observerai tout ce qui sera relatif aux avantages du commerce de France et aux moyens de l'augmenter, et j'aurai, Monseigneur, l'honneur de vous en rendre compte, si vous me le permettez. Je me propose d'aller d'abord dans les États des puissances amies de la France ; ensuite si vous n'y trouvez pas d'inconvénient, Monseigneur, et que vous m'en donnez la permission, je passerai dans ceux de la Reine de Hongrie ; mais je me tiendrai toujours à cet égard dans les bornes que vous jugerez à propos de me prescrire.

Je ne saurais vous exprimer, Monseigneur, combien le retardement du Saint-Michel à Cadix m'a été sensible. Je vous supplie de vouloir bien être persuadé que nous n'y avons eu aucune partie et de la vérité de tout ce que ma maison a eu l'honneur de vous marquer à ce sujet.

Je suis avec le plus profond respect votre très humble et très obéissant serviteur.

Vincent

Lettre à Morellet

Paris, le 27 octobre 1751

J'ai reçu, Monsieur, la lettre que vous m'avez fait l'honneur de m'écrire de Lyon le 22 du mois passé. Mme Gournay est très sensible à la part que vous avez bien voulu prendre à sa convalescence et vous en fait ses remerciements.

Je suis charmé que vous trouviez que les principes que j'ai cherché à établir sont vrais et ne sont point contraires aux détails. Il faut du temps pour déraciner les routines, surtout le gouvernement n'y voulant rien hâter sur cette matière. Je suis charmé de vous avoir fait faire connaissance avec M. Mayeure ; il est aussi bien instruit que bien intentionné. Je souhaiterais que son mémoire sur les billets à ordre fût imprimé aussi bien que celui sur les affinages.

Je viens d'éprouver une supercherie qui doit faire sentir au ministère combien la gêne était précieuse et utile à ceux qui sont préparés pour la soutenir, puisqu'ils emploient des moyens aussi bas pour la conserver. On a enfin permis depuis quelque temps en Languedoc la libre fabrication des draps pour le Levant en détruisant le tableau et la fixation à peine. Cela a-t-il été fait qu'il est venu des plaintes sans nombre que la fabrique s'altérait et marchait à une décadence certaine ; il est venu même des lettres à ce sujet signées des principaux fabricants de Carcassonne. Ces lettres m'ayant été communiquées, je les ai envoyées à ces fabricants. Ils ont reconnu qu'elles étaient fausses, que leurs signatures avaient été contrefaites, et sur les recherches qu'ils ont fait de l'auteur de ces lettres, ils ont découvert qu'elles ont été forgées par un aspirant élève à l'inspection, lequel se voyant découvert s'est évadé. Des bonzes qui voient l'idole qui les fait vivre attaqué se seraient-ils conduits autrement ?

Le titre que vous proposez d'un ouvrage sur les obstacles qui s'opposent chez nous au progrès du commerce, tout pourrait y rentrer.

J'envoie aujourd'hui à M. Mayeure le mémoire de Nantes ; il pourrait servir de modèle à celui qu'on pourrait faire sur la douane de Lyon, en retranchant les longueurs. Je crois que le public gagnerait à être instruit de tous ces détails.

Vous aurez pu dans votre voyage de Languedoc et de Provence vous instruire de plusieurs choses relatives au commerce du Levant ; vous y aurez entendu parler de la visite des matelots et vous aurez pu en approfondir les causes. J'espère que vos observations serviront un jour à nous ramener à la raison en faisant voir à quel point nous nous en sommes écartés, et avec combien de facilité nous aurions un grand commerce si l'intérêt de l'argent était bas, si nos vrais marchands étaient protégés en temps de guerre, et si nous laissions faire les sujets du Roi sans vouloir leur ordonner des choses que nous n'entendons pas, et que les besoins du commerce font varier à chaque instant.

On est disposé à accorder au Sr Lambert le titre de manufacture royale.

Vous connaissez les sentiments d'estime et d'attachement avec lesquels j'ai l'honneur d'être, Monsieur, votre très humble et très obéissant serviteur.

De Gournay

Lettre à Trudaine

Sans date (1758)

Monsieur,

La nature actuelle de mon bien, la façon dont ce qui m'en reste est placé et les charges auxquelles il est assujetti ne me permettant pas de pouvoir conserver ma charge d'Intendant du commerce, je me vois dans la nécessité de demander la permission de m'en défaire. J'ai autant plus de regret d'abandonner cette carrière, que c'est vous-même, Monsieur, qui me l'avez ouverte, et qui n'avez cessé de me la rendre agréable par la confiance que vous avez bien voulu me marquer. Je m'estimerai fort heureux si j'ai pu y répondre par mes soins pendant le peu de temps qu'aura duré mon exercice. Je puis au moins vous assurer que je n'ai cherché à surprendre la religion de personne, et que si j'ai avancé quelques principes qui ont paru étrangers, ils ne sont point nouveaux. Je les ai puisé dans les écrits et dans la pratique des nations qui nous environnent, et qui font du commerce le principal objet de leurs soins et de leur politique. Les vingt-cinq ans d'étude et d'expérience sur cette matière m'ayant persuadé que ces principes étaient les plus propres à étendre le commerce, je les ai adopté de bonne foi, et je les ai soutenu de même.

Je ne vous dissimulerai point, Monsieur, que lorsque j'ai désiré la charge d'Intendant du commerce, j'y ai été poussé par l'espoir de rapprocher un peu plus le commerce et les négociants des personnes en place. J'ai espéré que si cet état pouvait être vu de plus près et être plus connu des supérieurs, il acquerrait en France le même degré de faveur et de considération dont il jouit chez nos voisins, qu'alors on ne croirait plus prendre un état, quand on quitte celui-là, pour en embrasser d'autres infiniment moins liés à la force et à la puissance du Royaume : cette façon de penser n'est point indifférente dans un siècle où chaque nation s'occupe de faire pencher cette balance de son côté. Elle fait que chez nos concurrents le commerce ne perd point de sujets et en acquiert tous les jours de nouveaux, au lieu que chez nous il en perd chaque jour et que les riches et les anciens négociants qui le quittent ne sont point remplacés par les nouveaux qui se présentent pour prendre leur place avec un crédit et des facultés bien inférieurs. J'ai eu le plaisir, Monsieur, d'être plus d'une fois témoin de vos bonnes intentions à cet égard. Elles me font espérer que s'il est possible de prendre des mesures pour faire revenir la nation d'un préjugé qui l'appauvrit en même temps qu'il contribue à la dépeupler, elle vous les devra.

Au reste, Monsieur, comme je crois vous devoir un compte plus particulier qu'à personne des raisons qui me forcent à me défaire de ma charge, je prends la liberté de vous envoyer ci-joint l'état au vrai du bien qui me reste, de mon revenu et de mes charges annuelles. Vous verrez, Monsieur, que ce n'est ni par dégoût ni par aucun autre motif que je songe à me retirer, mais uniquement pour me conformer à ma situation présente.

Il me reste à vous faire mes remerciements les plus sincères des témoignages de confiance et d'estime que vous m'avez si souvent donnés. J'en conserverai toute ma vie la reconnaissance la plus vive, et j'espère ne faire jamais rien qui puisse me la faire perdre.

État de ce qu'il en a coûté
pour être Intendant du commerce

Payé au commencement de juin 1749 pour les frais de réception de conseiller au Grand Conseil   8 710 liv.
Pour les intérêts de ladite somme et d'un capital de 30 000 liv., prix de ladite charge pendant 8 années et 6 mois à 5%   16 451, 15
Payé au commencement de mars 1751 pour le prix de ma charge d'Intendant du commerce   200 000
Pour les frais de réception   10 056

Pour intérêt de ladite somme pendant 7 années   73 519, 12
Pour frais de Bureaux à 500 liv. par an 3 500
Pour appointements d'un commis à 1 500 liv.   10 500
Idem. d'un copiste à 500 liv.   3 500
Ports de lettres de 1755, 56, 57 et jusqu'au 15 mars 1758 dans lesquels ne sont point compris ceux de 1751, 52, 53, et 54 qui ont précédés mes tournées   1 809, 15

Soit au total :   328 047, 20

À déduire

Pour gages de conseiller au Grand Conseil   132
Pour idem. d'Intendant du commerce jusqu'au 21 déc. 1756   51 925
Pour 8 années et demi de capitation à 360 liv.   3 060
Pour 4 gratifications   12 000

Pour le capital de ma charge d'Intendant   200 000
   Soit au total :   267 117

   Solde :   60 930, 20

À déduire pour mes gages de 1757 à recevoir   9 000

   Solde final :   51 930, 20

Correspondance administrative au Bureau du commerce

1. À Dugas, Prévôt des marchands de Lyon

Le 4 mai 1751

Dans la vue, Monsieur, de concourir avec vous autant qu'il me sera possible, au progrès de la manufacture des étoffes de soie de Lyon, je me suis flatté que vous voudriez bien m'aider de vos lumières et me procurer tous les éclaircissements qui me sont nécessaires pour en avoir connaissance, en chargeant quelque personne de confiance de rédiger un mémoire détaillé et le plus circonstancié qu'il sera possible, de l'état actuel de cette manufacture, du nombre des fabricants et des marchands qui la composent, de la qualité des étoffes en soie, or et argent et mêlées de ces métiers qui s'y fabriquent, en y joignant des échantillons de chaque espèce de ces étoffes, de leur prix commun ou ordinaire, de leurs débouchés, de la qualité des soies et autres matières qu'ils y emploient, du prix de la main-d'œuvre et, en un mot, de tout ce qui peut contribuer à me mettre au fait d'un objet de commerce aussi important pour pouvoir, dans l'occasion, seconder vos vues et d'être utile à cette fabrique.

CORRESPONDANCE ADMINISTRATIVE AU BUREAU DU COMMERCE

2. À Aubry, Inspecteur des manufactures à Tours

Le 4 mai 1751

J'ai reçu, Monsieur, la lettre que vous m'avez fait l'honneur de m'écrire le 3 du mois passé, en m'envoyant l'état général des manufactures soumises à votre inspection. Je ne puis que vous remercier du soin que vous avez employé pour le faire et des détails dans lesquels vous êtes entré. J'aurais cependant souhaité qu'en désignant les étoffes qui passent à l'étranger, vous eussiez désigné d'une façon plus particulière le pays où elles se consomment et l'usage qu'on y en fait, etc., afin de me procurer une connaissance plus parfaite et plus prompte des différentes étoffes qui se fabriquent dans votre département. Je vous prie de m'envoyer un lever d'échantillons de chaque espèce d'étoffe, avec le nom, la largeur et la longueur de la pièce, suivant l'usage, ou suivant les règlements, s'ils sont exécutés ; il suffit que chaque échantillon ait 4 doigts de longueur sur autant de large. Et vous pourrez vous dispenser de rappeler ceux des étoffes qui sont de la même espèce.

Votre observation sur la nécessité de faire construire un moulin à fouler à Angers, pour faire dégraisser les étamines, mérite attention. Mais, afin d'être assuré que ce moulin sera employé par les fabricants lorsqu'il sera établi, il conviendrait que les fabricants fassent connaître par un règlement l'utilité dont leur servira cet établissement et l'intention où ils sont d'y porter leurs étoffes. Il faut d'ailleurs examiner au préalable si les apprêts et teintures seront convenables.

Tâchez de savoir, d'une façon plus particulière en quoi consiste le défaut de teinture des toiles de Cholet, afin de voir quel remède on pourrait y apporter et ayez attention que cette partie ne soit pas négligée.

Je vous prie, Monsieur, de veiller au progrès que feront les deux manufactures de toiles à voiles établies nouvellement à Angers et à Beaussais et de me marquer les noms de ceux qui les conduisent, d'où ils tirent leurs chanvres et si ces toiles se fabriquent dans la largeur de celles d'Hollande ou à l'imitation de celles qu'on appelle Noyalles et qui se fabriquent en Bretagne.

Faites-moi part de vos réflexions pour soutenir et encourager la manufacture de velours, tant unis que façonnés.

Je ne serais pas d'avis de supprimer les Gros de Tours simples. Ils sont sans doute à meilleur marché que les autres et il faut des étoffes à tout prix.

Vous m'obligerez de m'envoyer incessamment un échantillon de ce que vous appelez damassés et que vous évaluez à 4 l. 15 s. ou 5 l. l'aune.

Je vous prie de m'informer où en est la discussion des fabricants de La Tenouille, Moclazou et autres endroits de partout.

Faites-moi part aussi, à votre commodité, de vos réflexions sur le moyen d'augmenter le nombre des bestiaux ou bêtes à laine dans votre département, de rendre les laines plus abondantes et plus parfaites et sur tout ce qui concerne cet objet important.

3. À Lemarchant, Inspecteur de la draperie à Lyon

Le 19 mai 1751

Je vous remercie, Monsieur, du détail dans lequel vous êtes entré dans le mémoire que vous m'avez envoyé. Je n'exige de vous que les éclaircissements que vous pouvez me donner dans la position où vous êtes. Il y a lieu d'espérer que les fabriques du Languedoc, du Lavaunage, des Cévennes et du Vivarais se réformeront et je vous exhorte de tenir la main à l'exécution du règlement du 10 septembre 1750. Mais, il faut avoir de la tolérance pendant quelque temps pour donner aux fabricants de ces provinces celui d'étudier ces nouveaux règlements et de s'y conformer.

Quoique l'on n'ait pas jugé à propos de faire faire l'option du grand et petit teint aux teinturiers en étoffes de Lyon parce qu'ils sont en trop petit nombre, l'intention du Conseil n'a pas moins été de les assujettir à la marque du grand ou du petit teint sur les étoffes qu'ils teindront d'une ou d'autre manière. Vous ne pouvez y donner trop d'attention, soit pour faire cesser les plaintes des marchands, soit pour que le public ne soit pas trompé. Donnez-leur, à cet égard, les ordres nécessaires et ayez agréable de m'informer de l'effet qu'ils auront produit.

Vous me ferez plaisir de m'informer comment aura réussi le premier essai de teinture du vert de Saxe. Je serais même bien aise d'en avoir, s'il est possible, un échantillon. Mandez-moi aussi combien on paie par aune cette sorte de teinture.

Le Conseil est très disposé à faire tout ce qui peut dépendre de lui pour rétablir la fabrique de Lyon dans son ancien lustre, mais les circonstances ne sont pas favorables pour y faire les changements que vous croyez nécessaires. Je vous exhorte toujours de vous informer le plus exactement que vous pourrez de sa situation et de m'en faire part de temps à autres.

MÉMOIRES ET LETTRES DE VINCENT DE GOURNAY

4. À Comte, Inspecteur des manufactures à Niort en Poitou

Le 30 mai 1751

M. le Garde des Sceaux m'a renvoyé, Monsieur, le procès-verbal de visite que vous lui avez adressé le 20 février des marchandises qui ont été apportées à la dernière foire de Sainte Agathe ensemble l'état du produit de cette foire. Il est aisé de présumer que les mauvais temps auront empêché les acheteurs de s'y rendre et que c'est ce qui a occasionné la diminution du produit. Je suis charmé, au surplus, que vous en ayez trouvé toutes les étoffes en règle.

L'article de votre état qui m'a le plus frappé est celui des peaux de chamois dont il n'a été vendu que 1 500 de 25 000 qui étaient à cette foire. Mandez-moi quel est le débouché du surplus qui est resté invendu. Je conçois comme vous que la cherté des laines est cause que l'on ne peut établir les bayettes au prix que l'on se l'était proposé. Continuez à faire votre possible pour les en rapprocher et mandez-moi ce que vous pensez qu'il conviendrait de faire pour en accélérer la diminution du prix.

J'ai conféré avec M. Trudaine sur vos représentations, tant sur l'exemption des corvées dans Hauts de Niort que sur la nécessité de la réparation du chemin de Parthenay. Sur le premier objet, M. Trudaine a fait entendre à M. l'Intendant, qui a pris la peine de lui en écrire, quelles sont les intentions du Conseil à cet égard. Quant à la réparation du chemin du Parthenay, c'est à M. l'Intendant que vous devez faire vos représentations et il est le maître d'y avoir égard.

Il y a environ 6 semaines que je vous ai prié de m'envoyer l'état des manufactures de votre département, de me marquer les lieux de fabrique, le nombre des fabricants, les étoffes qui s'y font, les matières qu'on y emploie, le prix commun des étoffes et leurs débouchés. Je vous réitère la prière que je vous ai faite de rédiger cet état avec le plus d'exactitude qu'il vous sera possible en y joignant de petits échantillons de chaque espèce d'étoffes. Je suis, etc.

5. À Brunet, fabricant d'étamines à Alençon

Le 8 juin 1751

Les deux échantillons d'étamines que vous avez fait teindre en vert de Saxe, Monsieur, m'ont été renvoyés. Il s'en faut beaucoup, comme vous le sentez vous-même, qu'ils approchent de cette belle couleur. Il serait cependant fort à désirer qu'elle pût réussir sur cette étoffe. Je communiquerai vos réflexions à M. Hélot de l'Académie et je lui en demanderai son sentiment dont je vous ferai part. Différez jusqu'ici la nouvelle épreuve que vous vous proposez. Je suis bien aise que l'arrêt du Conseil pour l'établissement d'un Bureau de contrôle pour les étamines à La Flèche ait son exécution. Je vous remercie de vos attentions et je recevrai avec plaisir le mémoire que vous m'annoncez. Je suis, etc.

6. À Sauclière, Inspecteur des manufactures à Brioude en Auvergne

Le 8 juin 1751

Les manufactures de soie étant, Monsieur, dans mon département comme Intendant du commerce, M. le Garde des Sceaux m'a renvoyé votre lettre du 23 mai dernier où je vois avec plaisir que les soins que vous vous donnez pour la plantation et la culture des mûriers et pour l'éducation des vers à soie dans votre province ne seront pas inutiles. Je vous exhorte à les continuer, d'autant plus que vous connaissez l'importance de cet objet. Je vous prie de m'informer personnellement, sous l'enveloppe de M. le Garde des Sceaux, du progrès que vous annoncent de si heureux commencements, en entrant dans quelques détails tant sur la quantité des pépinières répandues dans cette province, que de ce qui peut avoir rapport à leur établissement, à la récolte des cocons, à l'emploi qui s'en fait et au commerce de la soie en général. Je suis, etc.

7. À Magnanville, Intendant de Tours

Le 7 août 1751

Le prévôt des Marchands de Lyon m'a envoyé un mémoire des maîtres et gardes de la fabrique de soie de cette ville. Ils y exposent que les fabricants d'étoffes de soie du Royaume tirent leurs peignes directement des ouvriers de Lyon qui font les ustensiles propres à la fabrique et que, comme il ne s'en fait point d'aussi parfaits en aucun lieu, ils appréhendent que par cette voie les étrangers mêmes ne puissent s'en procurer pour s'en servir dans leurs fabriques. Ces gardes proposent de fournir eux-mêmes ces peignes à ceux de nos fabricants qui en auront besoin en s'adressant directement à eux. Ils offrent de le faire avec la même exactitude que les ouvriers dont ils les tirent, et au même prix que les ouvriers de la fabrique de Lyon les paient. J'ai cru, Monsieur, devoir vous communiquer cette proposition pour être en état d'en rendre compte au Conseil et en même temps de ce que vous en pensez relativement à l'intérêt général des manufactures du

Royaume qui n'en ont pas moins que celle de Lyon de se prêter à tous les moyens praticables qui peuvent empêcher les manufactures d'étoffes étrangères d'entrer en concurrence avec elles.

*8. À Mège, entrepreneur d'une manufacture
de soie à Privas en Vivarais*

Le 7 août 1751

En qualité d'Intendant du commerce, les différents mémoires que vous avez présentés, Monsieur, pour obtenir en faveur de votre fabrique le titre de manufacture royale m'ont été renvoyés par le Ministre ; quoique le Contrôleur soit déjà fort instruit de la perfection avec laquelle vous tirez les soies, il a jugé cependant nécessaire de différer à vous accorder votre demande parce qu'il se propose de faire un arrangement général sur cet objet.

Continuez cependant à travailler comme vous avez fait, c'est le véritable moyen de vous attirer les grâces du Conseil. Il s'en présente encore une occasion que je crois que vous devez saisir avec empressement. Le Sieur Vaucanson, qui vous est peut-être connu de réputation, a inséré dans le second volume du *Mercure* du mois de juin dernier un mémoire concernant des moulins qu'il a inventés pour tirer les soies. Prenez la peine de l'examiner avec l'attention dont vous êtes capable et de m'en mander votre avis sous l'enveloppe de M. le Garde des Sceaux. Et, si vous jugiez ces moulins plus propres que d'autres à procurer une plus grande perfection au tirage des soies, marquez-moi si vous seriez dans le goût d'en entreprendre un tirage avec ces moulins et quelle proposition vous feriez au Conseil à tout égard pour effectuer cette entreprise. Je me ferai toujours un vrai plaisir de seconder vos vues lorsqu'elles tendront à étendre et perfectionner un objet aussi important, et de vous présenter que je suis très parfaitement, etc.

*9. À Sauclière, Inspecteur des manufactures
à Brioude en Auvergne*

Le 7 août 1751

M. Trudaine m'a remis le mémoire que vous lui avez adressé concernant les abus qui se commettent sur le tirage des soies. Je ne doute point que vous n'ayez fait votre possible pour y remédier dans celui que vous avez fait faire sous vos yeux avec les cocons de la nouvelle récolte. Envoyez-moi sous l'enveloppe de M. Trudaine un état du produit de cette récolte et des échantillons des diverses qualités de soie que vous avez fait tirer relativement à chaque espèce de cocon. Continuez à informer le Conseil du succès de l'éducation des vers à soie en Auverne pour qu'il puisse juger s'il convient d'augmenter le nombre des pépinières comme vous le proposez. Je serai charmé d'avoir occasion de faire valoir votre zèle et vos talents et de vous présenter que je suis parfaitement, etc.

10. À Saint-Priest, Intendant de Montpellier

Le 13 août 1751

J'ai différé de répondre à la lettre que vous m'avez fait l'honneur de m'écrire le 24 mai afin de prendre moi-même des instructions plus amples sur la branche du commerce du Levant. J'ai lu tout ce qui a été allégué en faveur de ce règlement, et, tout ce qui en a résulté dans mon esprit, c'est qu'il sera absolument opposé à l'augmentation de notre commerce et à la concurrence si nécessaire pour le faire fleurir et pour empêcher les étrangers d'introduire leurs draps dans le Levant à la faveur de la cherté des nôtres.

Voici, Monsieur, un mémoire que j'ai reçu de Marseille sur cette matière. Il est d'une personne fort éclairée et qui ne regarde que le bien général. En même temps que l'auteur soupire après le rétablissement de la liberté, il convient qu'il serait nécessaire d'y procéder avec ménagement pour éviter l'inconvénient de passer subitement d'un inconvénient à un autre. Cette affaire n'a point encore été mise sur le tapis au Bureau du commerce ; on dit même qu'il n'en sera question qu'après les vacances. Je suis persuadé que l'on vous évoquera tout ce qui pourra intéresser la décision d'une affaire aussi importante pour votre province.

J'ai vu, avec grand plaisir, Monsieur, qu'au milieu des grandes occupations qui partagent votre temps, vous ne négligez pas la partie des soies. Je prends la liberté de vous proposer une idée qui m'est venue à ce sujet. Ce serait d'établir dans chaque arrondissement un prix de 200 ou 300 l. pour celui qui fournirait, à jour désigné, et à la fin des tirages, 10 livres de soie la plus parfaitement tirée. Si vous trouvez la quantité de 10 livres trop peu considérable, on pourrait l'augmenter.

Il faudrait que les personnes qui voudront concourir au prix se fissent inscrire au commencement des tirages chez le juge de police de chaque arrondissement. Je pense que l'envie d'obtenir le prix et l'émulation qu'elle répandrait serait peut-être le moyen le plus sûr et le plus prompt de faire goûter les nouveaux règlements et que l'espérance de parvenir à faire les 10 livres de soie les plus parfaites en produirait peut-être un très grand nombre de bonne qualité. Il faudrait ensuite que l'examen fût fait par des connaisseurs, gens intelligents et qu'on ne pût soupçonner de partialité pour que le prix fût adjugé de même. Voilà, Monsieur, quel est le canevas de mon idée. Si vous l'approuvez, vous pourrez y faire les changements que vous trouvez convenables pour l'adapter aux lieux et aux circonstances, après quoi, nous pourrons la propager de concert avec M. Trudaine et M. le Garde des Sceaux, etc.

11. À Magnanville, Intendant de Tours

Le 18 septembre 1751

Le Conseil ayant débouté le Sieur Cureau de l'opposition qu'il avait formé à son arrêt du 12 février 1750, m'a chargé de vous envoyer, *officio privati*, son désistement tel que je l'ai pu obtenir et celui du Sieur Véron de la Croix. Je désire, Monsieur, que ces deux pièces que j'ai l'honneur de vous envoyer ci-joint puissent vous faciliter les moyens de terminer cette affaire et de mettre les parties hors de Cour. C'est le vœu du Conseil et, je crois, le plus grand service que l'on puisse leur rendre. Je suis, etc.

12. À Mège, manufacturier de soie à Privas

Le 18 septembre 1751

M. le Garde des Sceaux m'a remis, Monsieur, votre lettre du 25 août dernier en réponse aux propositions que je vous avais fait sur l'usage que vous pourriez faire des moulins de M. de Vaucanson. J'y vois avec plaisir une bonne volonté de seconder les vues que l'on a de perfectionner le tirage des soies dans le Royaume. Mais vous ne dites pas ce qui vous détermine à penser aussi avantageusement que vous le faites de ces moulins, et vous ne faites aucune proposition qui tende à vous mettre en état d'exécuter le projet que je vous ai proposé. Ayez donc la bonté de vous expliquer plus positivement et de mander si vous pourriez envoyer ici quelqu'un d'assez intelligent pour prendre le modèle de ces moulins et de tout ce qui peut être nécessaire pour en faire usage. C'est, je pense, par où il faut commencer afin que vous puissiez vous déterminer plus sûrement à faire vos propositions pour former des établissements convenables à ce projet. Je suis, etc.

13. À Muret, Inspecteur des manufactures à Limoges

Le 18 septembre 1751

M. le Garde des Sceaux m'a renvoyé, Monsieur, le procès-verbal de saisie que vous avez fait le 13 du mois passé au Bureau de contrôle de Limoges de 62 pièces d'étoffes. J'ai d'abord à vous observer que ces étoffes ne peuvent point être, comme vous l'avez pensé, des cordelats de la fabrique de Saint-Geniès parce qu'on n'y en fabrique point. Les cordelats, de la généralité de Montauban, doivent avoir, au retour du foulon, 1/2 aune 1/12, et les pièces que vous avez saisies n'ont que 1/2 aune moins 2 pouces. Il n'est pas à présumer qu'il se trouve une pareille disproportion dans 62 pièces. Ces étoffes sont plutôt des cadis de Saint-Geniès dont la chaîne est de laine cardée, connus sous le nom de haas et qui ne sont assujettis qu'à largeur du 1/2 au moins en 12 par une ordonnance du 8 juin 1744, au moyen de quoi la saisie que vous en avez fait porte à faux du côté de la largeur de ces étoffes. C'est à quoi vous voudrez bien avoir attention à l'avenir. Mais si, d'ailleurs, ces étoffes sont mal fabriquées, si elles sont remplies d'ordures et que d'ailleurs elles ne sont pas revêtues des plombs et des marques prescrits par les règlements, l'intention du Conseil est que vous en fassiez faire un exemple et supposé qu'il n'y ait pas encore été prononcé, que vous en fassiez confisquer 3 pièces seulement par grâce des plus défectueuses que vous ferez couper de 3 aunes en 3 aunes et condamner le marchand de Saint-Geniès qui les a envoyées en 30 l. d'amende. Vous enverrez ensuite ce jugement à M. le Garde des Sceaux afin qu'il donne ses ordres pour le faire exécuter et publier à Saint-Geniès pour servir d'exemple aux fabricants. Je suis, etc.

14. À Fleury, Intendant de Dijon

Le 19 septembre 1751

M. le Garde des Sceaux m'ayant renvoyé une lettre du sieur de Vercy, Inspecteur des manufactures dans votre généralité, avec une ordonnance que vous avez rendue le 27 juillet 1750, touchant le commerce des laines, j'ai trouvé la première disposition de cette ordonnance conforme à ce qui s'exécute dans tout le Royaume sur le même objet, mais la seconde, qui défend à toutes personnes qui ne sont pas marchands ou fabricants d'étoffes, d'acheter des laines est entièrement opposée à l'esprit de l'arrêt de règlement du 4 août 1716 dont j'ai l'honneur de vous envoyer copie. Je prends la liberté de vous observer en même temps, Monsieur, qu'il est à désirer que les règles d'administration sur le fait des laines soient uniformes dans tout le Royaume et que c'est le but que le Conseil s'est proposé lorsqu'il a rendu l'arrêt de 1716. Mais comme des circonstances particulières peuvent avoir donné lieu à votre ordonnance, j'ai cru devoir différer à en rendre compte à M. le Garde des Sceaux jusqu'à ce que vous ayez vu vous-même si mon observation est fondée. Quoiqu'il en soit, Monsieur, je me flatte que vous me la pardonnez et que vous la regardez comme un effet de l'empressement que j'aurai toujours de vous donner en toute occasion des preuves du respect avec lequel, etc.

15. À Magnanville, Intendant de Tours

Le 27 septembre 1751

J'ai l'honneur de vous envoyer ci-joint l'arrêt que vous avez proposé au Conseil portant attribution au Bailli de Montrésor de tout ce qui concerne la fabrique des paroisses dépendante de l'arrondissement de ce chef-lieu. Vous jugerez sans doute nécessaire de le faire signifier aux juges de police de Loches. Le Conseil approuve fort que vous laissez tomber les plaintes des deux fabricants d'Ecueillé et de Villeloin qui demandent la restitution de ce que ces officiers ont exigé d'eux pour leur réception, parce qu'en effet Sa Majesté ne s'était pas encore expliquée à leur égard, aussi positivement qu'elle vient de le faire par cet arrêt. Je suis, etc.

16. Au même

Le 2 novembre 1751

M. Trudaine m'a renvoyé une lettre que lui a écrite le sieur Aubry, Inspecteur des manufactures de votre généralité, par laquelle il lui rend compte du pernicieux effet que produit pour la fabrique des étamines du Mans l'usage qui s'est introduit d'y mêler des laines de Barbarie et du Levant. Le sieur Aubry a joint à sa lettre un échantillon d'étamines fabriquées à Château-Gonthier où ces laines sont employées qui prouve que, si on en laisse étendre l'usage, la réputation de cette fabrique pourrait bientôt en recevoir un grand préjudice. Cependant, avant de faire un règlement sur une matière aussi intéressante, pour la fabrique des étamines en général, il a paru nécessaire de faire assembler les principaux fabricants, tant du Mans que des autres manufactures, pour savoir s'il convient d'exclure totalement l'usage des laines de Barbarie, etc., de la fabrique des étamines ou de la restreindre aux qualités inférieures seulement sous les clauses proposées par le sieur Aubry. C'est sur quoi je vous prie, Monsieur, de vouloir bien donner vos ordres pour que les principaux fabricants soient entendus afin de mettre par là le Conseil en état de prendre un parti en plus grande connaissance de cause. En attendant, je prendrai la liberté de vous communiquer mes réflexions sur cette matière. Je pense donc qu'il conviendrait de défendre dès à présent l'usage des laines de Barbarie dans les fabriques des étamines fines et de faire savoir aux fabricants qu'on n'en tolérera l'usage dans celles de basse qualité que pendant un terme fixe, comme d'un an ou deux tout au plus. Cette disposition encouragerait peut-être les laboureurs et d'autres particuliers d'Anjou et du Maine à élever des moutons dans l'espoir que le débit de leurs laines ne serait plus traversé par l'importation des laines étrangères. Et, si, à cette espérance, on pouvait joindre l'assurance pour les propriétaires des troupeaux qu'ils ne seraient point augmentés à la taille pour raison de l'augmentation de leurs troupeaux, je ne doute pas qu'ils ne supportassent avec empressement de les multiplier. Il en résulterait bientôt une plus grande abondance de laines qui causerait elle-même une diminution sur le prix et mettrait les fabricants en état de continuer de faire de bonnes marchandises et de soutenir le commerce avec l'étranger. Au reste, ce ne sont ici, Monsieur, que des réflexions que je soumets entièrement à vos lumières. Je suis, etc.

17. À Comte, Inspecteur à Niort en Poitou

Le 4 décembre 1751

Vous recevrez par ces ordonnances, Monsieur, la décision de M. le Garde des Sceaux sur les observations que vous lui avez faites à l'occasion de la foire qui s'est tenue à Niort au mois de mai dernier et dont vous lui avez rendu compte par votre lettre du mois de juin. J'ai reçu presqu'en même temps celle que vous avez pris la peine de m'écrire. Je vous en remercie et vous prie de ne pas oublier la promesse que vous m'avez faite de m'envoyer un mémoire sur le commerce des peaux de chamois qui se fait dans votre département et l'état actuel des manufactures qui vous sont confiées. Au surplus, M. le Garde des Sceaux m'envoyant dans le temps les états que vous lui adressez, il est inutile que vous preniez la peine de m'en adresser des doubles. Je suis, etc.

18. À Jubié, à Saint-Marcellin en Dauphiné

Le 14 décembre 1751

J'ai reçu les deux lettres que vous m'avez écrites les 20 octobre et 28 du mois passé. Ces deux lettres accompagnant copie de celles que vous avez écrites à M. Trudaine le 30 septembre et le 25 du mois dernier, j'ai vu avec plaisir par la première, que le goût pour l'éducation des vers à soie s'étend dans la province de Touraine et les autres de la généralité. La gratification accordée par M. l'Intendant sur les impositions de ceux qui en ont apporté ne peut qu'augmenter cette émulation. J'ai vu aussi avec satisfaction vos soins pour la manufacture du tirage des soies. Mais je vous prie de m'expliquer ce que vous entendez par les tours à l'instar de ceux d'Espagne. Il me semble que les tours à la Piémontaise sont beaucoup plus parfaits et que ce serait reculer que de se servir de tours à la façon d'Espagne. Je ferai examiner les échantillons de soie qui ont résulté de ce tirage pour vous en marquer mon sentiment.

Je vous prie de me marquer ce qu'ont coûté les 2 livres de soie de fantaisie que vous m'avez fait adresser de Montauban, afin que je vous les fasse rembourser, sans quoi vous m'ôteriez la liberté de vous rien demander.

Les peines que vous prenez pour parvenir à l'imitation des moires d'Angleterre ne peuvent être que fort agréable au Conseil. Je serai fort aise de voir la suite de vos opérations, comme aussi pour l'emploi du débris des cocons.

La terre que vous avez employée pour ôter leur âcreté paraît très propre à cet usage. On m'a assuré qu'il s'en trouvait une carrière dans le pré de Marmoutiers ; c'est un fait à vérifier.

Je vois avec plaisir que les 25 000 pieds de mûriers qui doivent être distribués dans la généralité ne suffisent pas pour répondre à l'empressement de tous ceux qui désirent d'en avoir. Il faut espérer que chaque année on pourra en distribuer une plus grande quantité.

Vous me ferez grand plaisir de m'instruire de ce que vous aurez de plus intéressant pour le commerce de soie pendant votre séjour en Dauphiné, et surtout de l'état des filatures de soie et des plantations de mûriers.

19. À Aubry, Inspecteur des manufactures à Tours

Le 14 décembre 1751

J'ai reçu, Monsieur, votre état de la foire qui s'est tenue à la Saint Martin dernier à Angers. Je ne suis point surpris que cette foire n'ait pas été aussi bonne qu'elle aurait pu l'être. La mauvaise récolte de cette année pourrait en être cause. Cependant cette raison n'a pas influé en général sur toutes les foires du Royaume, puisque, suivant l'état qui m'a été envoyé par celle qui s'est tenue à Dijon dans le même temps que celle d'Angers, il s'y est vendu pour 510 000 l. de marchandises et pour 72 000 l. plus que l'année passée.

J'aurais voulu savoir si les draperies et soieries ont augmenté ou diminué à cette foire d'Angers. Il est fâcheux que la manufacture de mousseline que le sieur Grenus avait établie à Cholet ne puisse se soutenir faute d'ouvriers qui soient en état ou qui veuillent s'appliquer à ce genre de travail. Serait-ce une chose si difficile que d'en faire venir de Suisse pour remplir ce projet et l'avantage que les entrepreneurs pourraient en tirer par la suite, ne les dédommagerait-il pas de cette dépense ?

J'ai fait écrire, le 27 du mois passé, à mon retour de la campagne, à MM. Deschamps et compagnie pour avoir des échantillons de camelot en façon de Hollande que vous m'avez annoncés par votre lettre du 7 septembre, mais, jusqu'ici je n'ai point entendu parler d'eux. Cela me paraît d'autant plus singulier que vous me marquez les en avoir prévenus. Je suis, etc.

20. À Dugas, Prévôt des marchands de Lyon

Le 15 décembre 1751

J'ai reçu, Monsieur, la lettre que vous m'avez fait l'honneur de m'écrire le 3 de ce mois. Je rendrai compte à M. le Garde des Sceaux du détail où vous prenez la peine d'entrer sur les plaintes formées par le négociant Bézegnon. Personne n'est plus dans le cas que moi de juger du peu de fondement de ses calomnies par celles qu'il a répandues contre M. Lambert dont la probité et les sentiments me sont connus depuis fort longtemps. Je proposerai donc à M. le Garde des Sceaux de renvoyer cet homme devant le Consulat de la Conservation de Lyon.

Voici, Monsieur, un mémoire de la part des ouvriers à façon qui est une continuation de leurs plaintes contre les marchands par lequel ils paraissent vouloir persuader que le règlement de 1744 a été le prix d'une soumission que firent les marchands de fournir une somme considérable pour les établissements que l'on projetait de faire alors pour la perfection des soies. Je sais, Monsieur, combien cette affaire est délicate à remuer et demande de ménagements. Si cependant l'équité est blessée dans quelques-uns des principaux articles dont se plaignent les ouvriers, il ne serait pas juste de les laisser subsister. Personne n'est plus en état que vous de connaître les personnes qui peuvent instruire là-dessus le Conseil sans partialité et indiquer les moyens les plus propres et les moyens les plus doux pour rétablir dans la fabrique l'harmonie qui y est si nécessaire. C'est dans cette confiance, Monsieur, que

M. le Garde des Sceaux m'a chargé de m'adresser à vous pour vous prier de faire examiner la matière par des gens bien intentionnés et impartiaux afin d'en savoir leur sentiment et que, sur le compte que j'en rendrai au Conseil, il puisse prendre le parti le plus convenable dans une affaire de cette importance. Je suis, etc.

21. À Muret, Inspecteur des manufactures à Limoges

Le 17 décembre 1751

J'ai reçu, avec votre lettre du 20 de ce mois, Monsieur, vos états d'échantillons des différentes étoffes qui se fabriquent dans quelques lieux de votre département. Je vous en remercie et, par avance, de ceux que vous m'annoncez. Je ne doute pas que vous fassiez tout ce qui dépendra de vous pour encourager et perfectionner ces fabriques. Le plus sûr moyen d'y parvenir, selon moi, est en instruisant les fabricants et en leur insinuant que leur intérêt est inséparable de la bonne fabrication.

J'apprends avec plaisir que M. l'Intendant a formé à Limoges et aux environs l'établissement d'un filage de coton. Vous m'obligerez de me mander de quel âge sont les enfants que vous employez à ce travail, quelles sont les personnes que l'on a mis à leur tête pour les instruire et de quels instruments on se sert pour cette opération et si votre méthode est la même que celle qui se pratique à Rouen et dans les autres endroits en Normandie où l'on a formé de semblables établissements. Je vous prie aussi de me marquer si les étoffes de soie et de coton du sieur Laforest soutiennent le lavage et si les couleurs ne s'effacent point à la lessive. Je suis, etc.

MÉMOIRES ET LETTRES DE VINCENT DE GOURNAY

22. À Rossignol, Intendant de Lyon

Le 29 janvier 1752

Le sieur Pierre Grenus, négociant en Suisse, établi à Lyon, a demandé au Conseil un privilège exclusif pour établir en cette ville une manufacture de mousseline et toiles de coton à l'imitation de celles qui se fabriquent dans le canton de Zurich, tant en uni qu'en façonné. Avant de statuer sur cette demande, dont je suis chargé de lui en rendre compte, le Conseil désirerait être informé, non seulement des talents et des facultés de ce particulier, mais il voudrait encore savoir si cet établissement serait avantageux. Pour me mettre en état d'en faire mon rapport, permettez-moi de vous supplier de m'envoyer ces éclaircissements et de me mander ce que vous pensez de cette proposition. Je suis, etc.

23. À Magnanville, Intendant de Tours

Le 18 février 1752

J'ai rendu compte au Bureau du commerce d'un mémoire présenté au Conseil par les nommés René et François d'Authon d'Angers, par lequel ils demandent le privilège exclusif de teindre en bleu des toiles de lin pareilles à l'échantillon ci-joint, se soumettant de n'en teindre aucune en coton. Examen fait de cet échantillon, la teinture en a été trouvée bonne et capable de résister au savon, ce qui, joint à ce qu'il ne s'agit ici que de teinture et non de peinture ou d'impression, a déterminé le Bureau à penser que ces toiles teintes ne peuvent être que très avantageuses pour la consommation du Royaume et de nos colonies où elles peuvent remplacer en quelque façon les toiles de coton peintes et que, par ces raisons le Conseil pourrait accorder, non un privilège exclusif, comme ils le demandent, mais une permission de teindre ces toiles, soit à Angers, soit aux environs. Mais, comme il pourrait peut-être survenir quelque opposition de la part des maîtres-teinturiers de cette ville, qui se croiraient en état de teindre de pareilles toiles, et d'autres inconvénients, je suis chargé de vous communiquer ce projet et de vous prier de vouloir bien me mander ce que vous en pensez.

24. À Comte, Inspecteur des manufactures à Niort en Poitou

Le 2 mars 1752

J'ai prévenu le Conseil de la proposition que vous m'avez faite, Monsieur, par votre lettre du 3 du mois passé, d'établir à Poitiers une manufacture de bayettes pour le soulagement des pauvres de cette ville qui pourraient y trouver leur subsistance. Sans qu'il ait été rien décidé de positif sur cette proposition, il me paraît qu'il ne sera pas aisé de la faire adopter. La difficulté de trouver les fonds nécessaires pour l'exécution de ce projet n'est pas encore levée puisque les marchands de Poitiers qui s'offrent de les faire y imposent des conditions que le Conseil n'est pas disposé à leur accorder. En premier lieu, les marchandises ne sont déjà que trop surchargées de frais sans les augmenter encore par une imposition nouvelle qui, quoiqu'en disent les marchands, retomberait toujours sur le public. À l'égard de la seconde des conditions, le Conseil s'est fait une loi de ne point accorder de statuts ; ils gênent l'émulation et le commerce et sont presque toujours une source de procès et de chicanes. D'ailleurs, il serait à propos de savoir quel pourrait être le débouché pour le débit sûr et facile de ces sortes d'étoffes. Si vous êtes en état de lever ces difficultés, je me porterai toujours avec grand plaisir à faire réussir ce projet ou tel autre que ce soit qui pourrait remplir les vues charitables de M. de Blossac et les vôtres. Je suis, etc.

25. À Rossignol, Intendant de Lyon

Le 15 mars 1752

J'ai l'honneur de vous adresser un arrêt du Conseil, rendu sur la demande des marchands-fabricants en étoffes de soie ou en argent de Lyon, qui déclare communs avec les différents règlements de ces fabriques les arrêts qui vous ont attribué et au Consulat la connaissance des contraventions et contestations qui pourraient survenir entre lesdits maîtres-marchands et les maîtres-ouvriers à façon, tant en matières civiles que criminelles. Je suis, etc.

26. À Magnanville, Intendant de Tours

Le 27 mars 1752

Dans la vue d'empêcher l'usage des étoffes de soie de la Chine, qui n'est devenu que trop fréquent dans le Royaume, il m'a été remis un mémoire par lequel on propose d'employer pour les imiter la soie crue dans la fabrique de nos étoffes. On prétend que si ce projet réussissait, elles en seraient indépendantes de la diminution du prix et plus belles et meilleures. M. le Garde des Sceaux m'a chargé d'avoir l'honneur de vous remettre ce mémoire en vous priant de le communiquer à quelques-uns des principaux et meilleurs fabricants de Tours pour avoir leur avis ; après quoi on pourrait en faire faire quelque essai pour en voir la réussite. Il serait à souhaiter que l'on pût trouver les moyens de dégoûter le public de ces étoffes de soie étrangères et d'y substituer les nôtres. Je suis, etc.

27. À Flachat de Saint-Bonnet,
Prévôt des marchands de Lyon

Le 1er mai 1752

J'ai reçu la lettre que vous m'avez fait l'honneur de m'écrire le 18 de ce mois, par laquelle vous me faites part du choix que le Roi a fait de vous pour remplir la place de Prévôt des marchands. Je vous prie, Monsieur, de recevoir mon compliment très sincère sur votre avènement à une place aussi importante et que vous êtes si bien en état de remplir pour le plus grand avantage de la ville et du commerce de Lyon. Je me ferai un plaisir et un devoir de seconder en tout ce qui dépendra de moi vos vues pour l'utilité et l'avantage de l'un et de l'autre, et vous ne sauriez m'obliger plus sensiblement que de me mettre souvent dans le cas de vous prouver, et à la ville de Lyon, ma bonne volonté à cet égard.

L'examen que l'exercice de ma charge m'a mis dans le cas de faire de l'état du commerce de la ville de Lyon, m'a fait reconnaître avec un vrai chagrin qu'il n'est ni aussi florissant ni aussi avantageux qu'il pourrait l'être, que les causes de son dépérissement viennent de la police, des maximes et de l'esprit qui règnent dans la plupart des communautés qui composent cette ville. Je vais vous communiquer les diverses réflexions que l'examen de plusieurs affaires dont je suis chargé actuellement m'a occasionné. Je les soumettrai à vos lumières et à ceux qui, comme vous, Monsieur, connaissent le local. Toute mon ambition n'étant que de concourir à remettre le commerce de Lyon dans l'état de splendeur et d'augmentation où il est à désirer qu'il soit pour le bien de l'État. Il paraît que c'est une maxime reçue à Lyon comme partout ailleurs, que le commerce doit être libre, mais que l'on a restreint à Lyon ce que l'on entend par la liberté du commerce à la faculté de la vente des marchandises, pendant que les fabriques, qui sont le principe du commerce et surtout le principe du commerce de la ville de Lyon, y sont dans une gêne horrible par la bizarrerie des statuts et des lois de ses différentes communautés, qui donneront toujours un désavantage infini aux fabriques de la ville de Lyon vis-à-vis des fabriques étrangères tandis que ces statuts resteront en vigueur ; vous en allez juger vous-même.

À Lyon, un ouvrier doit faire cinq ans d'apprentissage et cinq ans de compagnonnage pour parvenir à la maîtrise, dont il faut qu'il achète le droit fort cher.

À Amsterdam, et dans les fabriques étrangères, un homme n'a point de temps limité pour l'apprentissage ; il est maître dès qu'il sait travailler, plus tôt ou plus tard suivant qu'il a plus ou moins de talents, mais celui qui en a le moins ne passe jamais dix ans pour parvenir à la maîtrise, qui ne lui coûte rien.

Il est donc plus difficile de devenir maître à Lyon que dans l'étranger. Il doit donc y avoir moins de maîtres à Lyon que dans l'étranger.

À Lyon, un maître ne peut avoir qu'un nombre de métiers et d'apprentis limité ; dans l'étranger, un fabricant a autant de métiers et d'apprentis qu'il veut. Il doit donc se faire dans l'étranger tous les ans plus d'ouvriers qu'à Lyon.

À Lyon, un maître ne peut pas vendre sa marchandise s'il n'achète pas la qualité de marchand.

Dans l'étranger, un homme qui fabrique une étoffe a la liberté de la vendre ; l'état d'un maître est donc plus favorable dans l'étranger qu'il ne l'est à Lyon.

Depuis 1744, il a passé beaucoup d'ouvriers de Lyon à l'étranger qui sont perdus pour la ville. L'intérêt de la ville de Lyon était et est encore de chercher à les réparer, mais, peut-on réparer promptement dans une ville où l'on ne veut point admettre d'étrangers dans la fabrique, et l'on appelle étrangers des gens nés sujets du Roi comme les Lyonnais, où l'on force les gens du pays à faire dix années d'apprentissage, à payer des droits de maître considérables (droits qui n'étaient qu'à 50 s. en 1667) et où un homme ne peut vendre lui-même la marchandise qu'il a fabriquée s'il n'en a encore acheté le droit.

La ville de Lyon, par ses usages et ses lois qui éloignent les étrangers, par la longueur de ses apprentissages, ne répare donc que difficilement et au bout de plusieurs années, l'ouvrier qu'elle perd en un instant. Il s'ensuit de là et de la cherté des maîtrises que le nombre des fabricants diminue et que, plus leur nombre est petit, plus aisément ils peuvent exercer un monopole contre les ouvriers. Les ouvriers, de leur côté, ne pouvant se multiplier aisément par la longueur des apprentissages et parce qu'ils ne se recrutent que parmi les Lyonnais ou le pays des environs, il en résulte aussi une diminution d'ouvriers qui leur donne des facilités d'exercer à leur tour un monopole contre les fabricants et de se liguer entre eux pour obtenir des augmentations de salaire, etc.

Le monopole que le fabricant exerce contre l'ouvrier et celui que l'ouvrier exerce à son tour contre le fabricant renchérit le prix des étoffes et donne de l'avantage aux fabriques étrangères.

Les fabriques étrangères recevant indifféremment toutes sortes d'ouvriers, il s'ensuit nécessairement que le nombre des ouvriers et des fabricants augmente dans l'étranger et, avec eux, la fabrique, au lieu que le nombre des ouvriers et des fabricants diminue à Lyon et, ne pouvant se réparer que dans un cercle de sujets très borné, il faut nécessairement que la fabrique diminue et qu'enfin le grand nombre qui est du côté de l'étranger écrase le plus petit.

Peut-être mes réflexions vous paraîtront-elles défectueuses, faute par moi de connaître le local. Dans ce cas vous les rectifierez, mais je crois les avoir puisées dans les principes généraux du commerce qui sont de même pour tout l'univers. Si elles vous paraissent établies, il faut que le bien et l'avantage de la ville de Lyon viennent d'elle-même et qu'elle commence par reconnaître que les statuts de ses diverses communautés éloignent de nouveaux ouvriers et de nouveaux citoyens et empêchent l'augmentation du commerce qui est inséparable de celle du peuple.

Si un Breton ou un Normand voulait s'établir à Lyon pour y travailler dans la fabrique, il n'y serait pas reçu, cependant il contribuerait par son travail au bien de la ville.

Si ce même Breton ou Normand va s'établir à Londres ou à Amsterdam, il y sera bien reçu et les étoffes qu'il y fabriquera feront tort à celles de Lyon qui aurait pu s'éviter ce préjudice en le recevant chez elle et en lui permettant d'y travailler.

C'est la multiplicité des hommes qui augmente les fabriques et le commerce ; en éloignant les hommes, on diminue donc nécessairement les fabriques. Vous êtes, Monsieur, plus que personne en état de juger si ce n'est pas là l'effet des statuts des différentes communautés de la ville de Lyon. Au reste, tout ceci est de vous à moi et ne part que du désir que j'aurais d'être véritablement utile au rétablissement du commerce d'une ville aussi importante, à quoi je ne doute pas que vos lumières et votre bonne volonté ne contribuent beaucoup.

Voici un mémoire sur l'emploi des soies crues que je vous prie de communiquer à plusieurs des principaux fabricants de Lyon et de m'envoyer ensuite leur avis à ce sujet. Il n'est pas douteux que la permission d'employer les soies crues procurera trois avantages considérables à la ville de Lyon :

1° Elle augmentera le commerce.

2° Elle nous mettrait de niveau avec l'étranger qui en fait usage dans ses étoffes.

3° Cela pourrait diminuer le goût que l'on a pour les étoffes de la Chine où il entre de la soie crue et faciliterait les moyens de donner nos étoffes à meilleur marché.

Le point important est de les employer convenablement et c'est sur quoi les lumières des plus habiles fabricants de Lyon et les essais qu'ils en pourront faire nous dirigeront.

Le sieur Milannois peut compter sur toute mon attention sur l'affaire qui l'amène ici et j'appuierai toujours très volontiers les soins de M. Pernon pour l'avantage général de la ville de Lyon. Je suis avec respect, etc.

28. À Magnanville, Intendant de Tours

Mai 1752

J'ai communiqué à M. Montessuy, dont vous connaissez sans doute les talents et l'expérience dans la fabrique, la lettre que vous m'avez fait l'honneur de m'écrire le 19 du mois passé au sujet du mémoire que j'ai eu celui de vous adresser sur l'emploi des soies crues dans nos étoffes à l'imitation de celles des Indes et voici la réponse qu'il m'a remis et son sentiment sur l'espèce des étoffes où l'emploi de ces soies crues peut être praticable. Si le sieur Étienne Maillot n'est pas du nombre des fabricants à qui vous avez confié ce projet, peut-être jugerez-vous à propos de le lui communiquer, ses talents sont connus ici et il pourrait contribuer à tirer parti d'un projet dont il me paraît que l'exécution quelque bornée qu'elle puisse être, ne peut être que très avantageuse à nos fabriques. Je suis avec respect, etc.

*29. À Flachat de Saint-Bonnet,
Prévôt des marchands de Lyon*

Le 6 mai 1752

Voici un placet que M. le Garde des Sceaux m'a renvoyé, que j'ai l'honneur de vous communiquer et que je vous prie de vouloir bien me renvoyer ensuite avec votre avis sur la prétention du sieur Villeman.

Il me paraît que la ville de Lyon ne peut conserver la supériorité de la fabrication des étoffes de soie, d'or et d'argent qu'autant qu'elle admettra facilement chez elle ceux qui sont en possession de fabriquer. C'est le moyen de tourner leur travail et leur industrie à son profit, qu'autrement ils sont forcés de porter dans d'autres villes qui profitent de ce que celle de Lyon a rejeté. Je suis avec respect, etc.

CORRESPONDANCE ADMINISTRATIVE AU BUREAU DU COMMERCE

30. Au même

Le 24 mai 1752

J'ai reçu la lettre que vous m'avez fait l'honneur de m'écrire le 10 de ce mois. Je serais bien charmé que vous trouviez dans les réflexions que je vous ai communiquées sur quelques-uns des statuts des principales communautés de la ville de Lyon, les sentiments d'un patriote et d'un homme qui désire sincèrement la prospérité et l'augmentation de cette ville et de son commerce. Je suis persuadé, Monsieur, qu'en vous occupant comme vous vous le proposez de rechercher ce que les règlements de la plupart des communautés ont de nuisible à l'avantage général de la ville, vous parviendrez mieux que personne à connaître les moyens dont on peut se servir pour y remédier. Si vous lisez les statuts des teinturiers en soie, ceux des passementiers, etc., vous verrez combien la prolongation des apprentissages, des compagnonnages et l'augmentation des frais de réception à la maîtrise doivent diminuer le nombre des ouvriers et renfermer d'abus. Je sens bien que les dettes que les communautés ont été obligées de contracter ont donné lieu à l'augmentation de tous ces frais. Mais il n'est point moins vrai que le mal qui en résulte retombe sur l'État en général et plus particulièrement encore sur la ville de Lyon d'où elle éloigne les ouvriers et les arts.

Au reste, pour pouvoir m'occuper avec plus de connaissance de cause de ce qu'il peut y avoir à faire sur une partie aussi intéressante, il serait à propos que je connusse l'état actuel des diverses communautés de la ville de Lyon. C'est pourquoi il serait bon que vous m'adressassiez, sous couvert de M. le Garde des Sceaux, un état exact des dettes de chaque communauté et, s'il se peut, le dénombrement de chacune, c'est-à-dire du nombre des maîtres, compagnons et apprentis qui s'y trouvent. Je pense que, si les maîtres et gardes tiennent des registres, cet état ne doit pas être difficile à former. Au reste, vous êtes le maître de prendre pour cela tout le temps que vous jugerez nécessaire.

Je serais charmé de recevoir les réflexions de vos principaux fabricants sur l'usage des soies crues. Ceux de Tours, auxquels il a été aussi communiqué, paraissent persuadés qu'elles peuvent opérer un grand bien dans la fabrique en cherchant à les employer convenablement. J'ai reçu ici un mémoire du sieur Berthet pour M. le Garde des Sceaux à qui j'en rendrai compte à mon retour à Paris. Je m'occuperai toujours très sérieusement de tout ce qui pourra contribuer au bien de la fabrique et du commerce en général de la ville de Lyon afin de seconder en cela vos vues. J'espère aussi que vous voudrez bien, comme vous le faites espérer, me procurer les éclaircissements qui peuvent servir à m'instruire et me mettre plus en état d'y travailler utilement.

P.S. Je reçois dans l'instant la lettre que vous m'avez fait l'honneur de m'écrire le 19 avec le placet du sieur Villeman dont je vous remercie.

31. À Trudaine, Intendant des finances

Le 25 mai 1752

Depuis que je suis ici, je m'y suis occupé à examiner les statuts de diverses communautés de Lyon. J'en ai fait quelques extraits que j'ai l'honneur de vous envoyer ci-joint avec quelques réflexions que je n'ai pu m'empêcher de faire en les lisant. Vous jugerez vous-même du tort que nous font ces statuts et qu'ils empêchent nécessairement le progrès de l'industrie et l'augmentation du peuple. Je vous avouerai même que j'y ai trouvé avec complaisance une occasion de justifier nos ouvriers de l'inconstance dont on les accuse.

J'ai demandé à Lyon les statuts de toutes les communautés. Je me ferai un devoir de les examiner tous, les uns après les autres, et de vous en rendre compte. J'ai l'honneur d'être, etc.

*32. À Flachat de Saint-Bonnet,
Prévôt des marchands de Lyon*

Le 13 juin 1752

J'ai reçu, avec les deux lettres que vous m'avez fait l'honneur de m'écrire les 22 et 30 du mois passé, la réponse des maîtres-gardes de la fabrique de Lyon au mémoire que vous avez pris la peine de leur communiquer sur le projet d'employer la soie crue dans certaines étoffes pour imiter celles des Indes. J'ai rendu compte au Conseil, et de votre avis et des dispositions où se trouvent ces gardes d'en faire la teinture par des expériences. On ne peut qu'approuver leur zèle et les mesures désintéressées qu'ils se proposent de prendre pour y parvenir. Mais il paraîtrait suffisant de ne charger que cinq ou six des principaux fabricants nommés à cet effet de faire ces épreuves dont on est très impatient d'apprendre le succès.

Je joins ici un placet de la veuve André Salaballe, qui demande que son fils Alexandre Salaballe soit admis à l'apprentissage dans la fabrique de Lyon quoiqu'il ne soit pas né dans cette ville d'où néanmoins son père est originaire. Je vous prie de vouloir bien me marquer si vous n'y trouvez d'autre difficulté. Je suis, etc.

MÉMOIRES ET LETTRES DE VINCENT DE GOURNAY

33. À Saint-Priest, Intendant de Montpellier

Le 30 juin 1752

Les fabricants de la ville de Nîmes ont présenté une requête au Conseil, où ils ont exposé que l'arrêt du 21 mars dernier, en ordonnant, entre autres dispositions, que, dans deux mois, tous les fabricants en étoffes de soie du Languedoc seraient tenus de se conformer au règlement du 1er avril 1743, dont il ordonne l'exécution, leur avait néanmoins permis de faire telles représentations qu'ils jugeraient à propos pour le bien de cette fabrique, mais que, dans les circonstances où ils se trouvent, ce délai n'étant pas suffisant pour les mettre en état d'exécuter cet arrêt, ils suppliaient le Conseil de leur en accorder un nouveau de six mois.

J'ai rendu compte de cette requête à M. le Garde des Sceaux qui, de plus en plus persuadé qu'il est également juste et intéressant d'entendre ces fabricants, a bien voulu leur accorder ce délai suivant sa décision du 23 de ce mois que j'ai l'honneur de vous envoyer avec leur requête. Vous jugerez sans doute à propos, Monsieur, de faire informer ces fabricants de cette décision aussi bien que le sieur Révérony, afin que cet inspecteur n'apporte aucun obstacle à leurs assemblées lorsqu'elles seront faites en présence et de l'autorité du juge de police, et qu'il ne trouble point les fabricants, tels qu'ils soient, même les frères Molines dans la liberté de leurs suffrages, qu'au contraire, il concoure avec eux tous, sans partialité et sans passion, au bien et à l'avantage de la fabrique et de l'État, sauf au Conseil, après avoir pris vos avis, de décider de leurs raisons et des siennes.

J'aurai l'honneur de vous faire passer incessamment un arrêt du Conseil rendu sur la demande des officiers de police et du sénéchal d'Uzès, afin d'être déchargés des condamnations prononcées contre eux par l'arrêt du 21 mars. Ce nouvel arrêt ordonne que leurs requêtes vous seront incessamment envoyées pour donner votre avis sur les faits qu'elles contiennent, et cependant, par provision lever leurs interdictions et les rétablir dans les fonctions de leurs charges. Il me paraît, Monsieur, que, dans les dispositions où est aujourd'hui le Conseil, le parti que vous proposez de prendre sur l'exécution de l'arrêt du 21 mars à l'égard des frères Molines est celui qui pourrait lui être le plus agréable.

En vous envoyant, Monsieur, l'arrêt du 21 mars, M. le Garde des Sceaux vous a fait passer toutes les pièces qui concernaient cette affaire. Si les mémoires du sieur Révérony, qui contiennent ses moyens d'opposition à la délibération de 1749 qui a été annulée, vous sont inutiles, je vous supplie de vouloir bien me les renvoyer sous le couvert de M. le Garde des Sceaux. Je suis avec respect, etc.

34. À la Chambre de commerce de Bordeaux

Le 30 juin 1752

J'ai rendu compte, Monsieur, à M. le Garde des Sceaux d'un projet de règlement qui lui a été présenté par l'Inspecteur des manufactures de Bordeaux pour les étoffes de laine qui se fabriquent dans cette généralité. Je lui ai pareillement rendu compte d'une question qui s'est élevée sur l'exécution de l'article 4 du règlement du 10 septembre 1750 concernant les cordelats qui se fabriquent à Mazamet. M. le Garde des Sceaux, avant de statuer sur ces deux affaires, a jugé à propos de vous demander votre avis sur l'une et sur l'autre. Je ne doute point qu'en conséquence de ses ordres vous n'examiniez avec l'attention la plus scrupuleuse tout ce qui vous paraîtra devoir le plus contribuer à l'avantage particulier de ces fabriques. Mais il me paraîtrait convenable que vous portiez aussi vos observations sur un objet encore plus intéressant qui est celui du bien général du commerce eu égard à sa situation présente, en discutant si ces sortes de règlements et les statuts des communautés lui sont effectivement avantageux, ou si, en bornant l'industrie, ils n'en gênent pas les opérations. Quelle que soit votre opinion, je ne doute pas que vous ne la fondiez sur des principes que l'expérience que vous avez acquise dans le commerce vous a rendus familiers. Je suis, etc.

35. À Trudaine, Intendant des finances

Le 26 juillet 1752

Je viens d'avoir communication d'une cédule du Roi d'Espagne adressée au marquis de la Ensenadas le 24 juin dernier. J'en ai fait un extrait que je me hâte de vous envoyer, parce qu'un pays où les principes répandus dans cette cédule ont percé, est pour nous un concurrent très dangereux.

Nous avons plus que jamais intérêt de sentir combien nos communautés, la cherté de nos maîtrises et la longueur de nos apprentissages donnent d'avantage à nos rivaux en ôtant entre les sujets du Roi l'égalité nécessaire au progrès des arts et à l'augmentation du commerce. Que serait-ce si, par suite de l'étude que font les Espagnols des bons principes, ils allaient nous gagner de vitesse sur la réduction de l'intérêt ? Je suis avec respect, etc.

CORRESPONDANCE ADMINISTRATIVE AU BUREAU DU COMMERCE

36. À Boisemont, Intendant de La Rochelle

Le 24 août 1752

Henry du Billion, tailleur privilégié fréquentant les foires du Royaume, vient de se rendre à Paris de la foire de Guilbray où il était, pour se pourvoir au Conseil contre une ordonnance qu'il prétend que vous avez rendue contre lui sur la simple requête des marchands de Rochefort par laquelle vous avez ordonné la confiscation d'une demi pièce de drap de Limoux qu'ils avaient saisie sur lui dans sa maison, à Rochefort, sous prétexte que les lisières de ce drap étaient déchirées et l'avez condamné en 500 l. d'amende. J'ai cru, Monsieur, avant toutes choses, devoir vous renvoyer son placet pour vous prier de vouloir bien me mettre en état d'en rendre compte au Bureau du commerce et ensuite à M. le Garde des Sceaux en m'envoyant sous son enveloppe le procès-verbal de saisie que Du Billion prétend ne lui avoir jamais été signifié et les procédures faites en exécution de votre ordonnance qui sont, à ce qu'il dit, un procès-verbal d'ouverture de porte et de saisie de plus de 1 400 l. de marchandises que ces marchands menacent de faire vendre pour le paiement de ces 500 l. d'amende. Vous jugerez sans doute à propos de faire surseoir à ces poursuites jusqu'à ce que le Conseil soit informé des vrais motifs de la saisie qui a donné lieu à votre ordonnance et peut-être de la qualité du drap qui en a été l'objet. Je suis, etc.

MÉMOIRES ET LETTRES DE VINCENT DE GOURNAY

37. Aux Maire et Échevins de La Rochelle

Le 28 août 1752

J'ai reçu la lettre que vous m'avez fait l'honneur de m'écrire le 29 du mois passé, en m'envoyant votre mémoire pour prouver le tort que la tolérance de la fabrication des guildives dans nos colonies ferait aux terres du Royaume. Les principes sur lesquels vous établissez vos raisons me paraissent solides. Cependant, comme cette affaire est une des plus délicates et des plus intéressantes qui puisse s'agiter au Conseil et que je ne veux rien négliger pour m'instruire à fond de ce qui peut servir à la faire décider en connaissance de cause et pour le plus grand bien de l'État, je vous prie de vouloir bien me marquer quel est le prix courant des guildives à la Martinique et à Saint-Domingue et ce qu'il en coûte, tant pour le fret d'une barrique de guildive de nos Îles à La Rochelle, que de nos Îles à Québec lorsqu'elles y vont en droiture.

Je vous prie de m'envoyer aussi un compte simulé de l'utilité que reçoit l'habitant de la fabrication des guildives et du degré de préjudice que lui ferait la défense d'en fabriquer, afin de pouvoir juger jusqu'à quel point cette défense pourrait influer sur le prix de nos sucres et de combien elle les renchérirait. Vous n'ignorez pas que les Danois, les Hollandais et les Portugais mêmes ont augmenté depuis quelque temps leurs plantations de sucres ; la seule colonie de Surinam a fourni cette année plus de 50 cargaisons. Dans toutes ces colonies, l'habitant peut faire de la guildive, ce qui le met en état de vendre son sucre à meilleur marché. Si donc la défense de cette fabrication renchérissait le sucre dans nos colonies, il serait à craindre que les étrangers n'augmentassent leurs plantations aux dépens des nôtres.

Je vous prie de considérer vous-même cette affaire sous ce point de vue-là et s'il n'y aurait pas de danger à rendre la condition des habitants de nos colonies moins favorable que celle des habitants des colonies étrangères. Vos réflexions sur cela me feront d'autant plus de plaisir qu'elles me mettront en état de donner mon avis avec plus de connaissance de cause et surtout dans la vue du plus grand bien de l'État qui est toujours ce que nous devons envisager.

Je vous prie d'examiner encore quelle influence la défense de fabriquer des guildives pourrait avoir sur notre commerce de Guinée, car si nous défendons à nos armateurs de Guinée d'aller traiter avec des guildives et que les Anglais et les Hollandais le permettent aux leurs, n'est-ce pas aussi rendre la condition de l'armateur français moins favorable que celle de l'étranger et encourager le commerce de nos concurrents en gênant davantage le sujet du Roi. J'ai l'honneur d'être, etc.

38. À Trudaine, Intendant des finances

Le 1er septembre 1752

Avis sur la création
d'un projet de règlement pour l'établissement
d'une Caisse générale sur les amendes.

Dans le principe où je suis que le commerce peut et doit se conduire sans confiscations et sans amendes pour raison de fabriques et que notre commerce et nos manufactures n'acquerront jamais l'accroissement dont elles sont susceptibles, tandis que nous suivrons le système opposé qui est contraire à celui de toutes les nations commerçantes de l'Europe, je ne puis être d'avis de l'établissement d'une Caisse générale qui aurait pour objet la perception et la disposition de ces amendes. Je pense même que ce serait afficher d'une façon trop solennelle un principe dont nous reviendrons quand l'esprit du commerce aura fait plus de progrès parmi nous.

Je pense encore qu'il est fâcheux de faire supporter à nos fabricants les appointements des Inspecteurs, car, sans vouloir discuter ici s'ils sont utiles ou nuisibles aux fabriques, il est certain que le fabricant français qui contribue à payer un inspecteur est dès lors plus chargé que le fabricant anglais ou hollandais, son concurrent, qui n'en paie point.

39. Au même

Le 1er septembre 1752

On ne peut que remercier M. de Saint-Priest de l'exactitude avec laquelle il se fait informer de ce que deviennent les soies qui sortent de Beaucaire. Il ne conviendrait cependant pas que les vérifications qu'il se propose de faire faire à Lyon touchant les parties que les marchands d'Avignon s'y font adresser à eux-mêmes eussent rien qui pût effrayer ceux qui s'en trouvent saisis et leur faire regarder la soie comme un effet dont il peut être dangereux pour eux de s'être chargés, car cette appréhension de leur part tournerait au discrédit de la soie et influerait ensuite sur la culture. Tout comme les gênes que l'on met sur le commerce du blé, les recherches que l'on fait chez le laboureur, le risque qu'il court d'être puni et de passer pour mauvais citoyen si on lui en trouve en réserve, l'obligation qu'on lui impose d'en porter tant de sacs au marché, tendent à détourner les sujets du Roi de la culture du blé en ce que la possession de cette denrée les expose à des recherches et à des gênes qu'ils n'éprouveraient pas s'ils n'en avaient point du tout.

*40. À Flachat de Saint-Bonnet,
Prévôt des marchands de Lyon*

Le 5 septembre 1752

Voici un placet du nommé Symiand, Suisse de nation, qui demande permission de continuer sa profession de dessinateur à Lyon. Je vous prie de vouloir bien m'informer des talents de ce particulier pour que je puisse en rendre compte à M. le Garde des Sceaux. Je pense cependant qu'il vaut mieux que cet homme dessine pour nous à Lyon que contre nous à Vienne ou à Turin.

41. À Houdy, de l'Académie de peinture

Le 9 septembre 1752

Voici, Monsieur, un mémoire de la ville de Lyon pour faire voir la grande utilité de l'établissement d'une école de dessin chez elle. On y a fait quelques objections qu'il me semble que ceux qui désirent cet établissement ont combattues avec succès. Cependant, avant d'en faire le rapport à M. le Garde des Sceaux et à M. Trudaine, j'ai cru surtout devoir vous prier d'examiner le projet et de me donner votre avis sur une matière qui est si fort de votre ressort et qui ne peut manquer de vous intéresser par le rapport qu'elle a au soutien d'une des plus précieuses manufactures du Royaume. Je suis, etc.

MÉMOIRES ET LETTRES DE VINCENT DE GOURNAY

42. À Flachat de Saint-Bonnet,
Prévôt des marchands de Lyon

Le 11 septembre 1752

J'ai reçu en son temps les deux lettres que vous m'avez fait l'honneur de m'écrire les 28 juin et 2 août derniers. On ne doit point envoyer d'ici d'échantillons pour les étoffes où l'on peut employer de la soie crue ni de modèles au sujet. C'est aux fabricants eux-mêmes à faire là-dessus les essais qu'ils jugeront convenables. Il suffira, Monsieur, que vous autorisiez à cela 5 ou 6 fabricants des plus intelligents qui, de concert avec MM. les Gardes, feront telles épreuves qu'ils jugeront à propos. On n'a point envoyé de modèles à Tours où l'on a déjà fait quelques gros de Tours et où l'on travaille à des essais sur d'autres étoffes. Aussi, à Lyon on peut faire de même.

M. le Garde des Sceaux a approuvé que le fils de la veuve Salaballe fût admis à l'apprentissage et son placet a dû vous être renvoyé.

J'ai fait usage du mémoire que vous m'avez adressé sur l'enlèvement des soies. En conséquence, dès le mois de juillet, il a été donné des ordres en Languedoc et en Provence pour y veiller. Au reste, en faisant usage de ce mémoire, j'ai observé exactement ce que vous m'avez marqué.

J'ai communiqué à M. le Garde des Sceaux l'état des dettes que vous m'avez adressé des différentes communautés qui vous sont soumises. Il vous sait bon gré de ce travail et, en mon particulier, je vous remercie de la peine que vous avez prise pour le faire dresser.

M. Pernon doit avoir écrit à Lyon pour y faire des étoffes propres à imiter les damasquettes en les passant sur une machine de l'invention du Sieur Vaucanson. Il y a toute apparence que l'essai en réussira, ce qui pourra faire ensuite un objet important pour la ville de Lyon.

Lorsque vous aurez examiné les mémoires sur l'affaire des tireurs d'or, je serais très aise d'en savoir votre sentiment, sans aucune partialité pour le mien, car c'est le bien public que nous devons chercher à faire prévaloir, non pas nos opinions particulières. C'est toujours ce que je me suis proposé. Je suis avec respect, etc.

43. À Trudaine, Intendant des finances

Le 25 septembre 1752

J'ai l'honneur de vous envoyer ci-joint le 8e chapitre de M. Child sur la laine et les manufactures de laine. Ce sujet m'a donné occasion de traiter avec assez d'étendue la question de savoir si nos inspecteurs et nos règlements portant amendes sont utiles ou non aux manufactures. Outre l'exemple des nations les plus commerçantes dont je me suis appuyé, j'ai tâché de faire voir que le préjugé où nous sommes à cet égard nous éloigne du véritable esprit et des connaissances du commerce et est aussi nuisible au progrès de l'industrie qu'à l'augmentation des sujets du Roi et de ses revenus. Il m'a fallu des motifs aussi puissants pour me dissimuler à moi-même la témérité qu'il y a d'attaquer une opinion reçue et consacrée depuis 80 ans. Je me flatte au moins que la question paraîtra assez importante pour mériter d'être discutée. Au reste, M., je me soumettrai toujours lorsque vous m'aurez condamné. Je vais finir à ma campagne les deux chapitres qui me restent à traduire de M. Child qui regardent la balance du commerce et les colonies, qui ne sont pas les moins importants de l'ouvrage.

Permettez-moi, Monsieur, de vous remettre aussi ci-joint un mémoire que je fis il y a deux ans sur nos affaires avec l'Espagne, où j'ai tâché d'établir que nous sommes dans un cas particulier vis-à-vis de cette puissance relativement au commerce des Indes et que, dans l'état actuel où sont les choses, l'intérêt des Anglais et des Hollandais diffère absolument du nôtre. J'ai l'honneur d'être, etc.

44. À Rossignol, Intendant de Lyon

Le 24 octobre 1752

M. le Garde des Sceaux m'a renvoyé une requête de Jean-Baptiste Révol, fabricant de faïence de Lyon qui, prétendant avoir été troublé dans son commerce par la veuve Lemesle qui a obtenu le privilège d'une manufacture de faïence dans la même ville par un arrêt du Conseil du 30 avril 1748, demande que, sans s'arrêter à cet arrêt, il soit maintenu dans la possession de sa manufacture avec défense à toute personne de l'y troubler sous telle peine qu'il appartiendra.

J'ai l'honneur de vous envoyer cette requête et vous prie de me mettre en état d'en rendre compte au Conseil en m'informant de la vérité des faits qu'elle contient et ce que vous en pensez. Je suis avec respect, etc.

CORRESPONDANCE ADMINISTRATIVE AU BUREAU DU COMMERCE

*45. À Flachat de Saint-Bonnet,
Prévôt des marchands de Lyon*

Le 27 novembre 1752

M. le Garde des Sceaux vient de me renvoyer un placet du Sieur Larisse, maître et marchand fabricant de Lyon, qui prétend avoir découvert une nouvelle méthode de placer un dessin sur des métiers en un quart de temps moins qu'on ne le fait ordinairement. Je vous prie de vous faire informer de l'utilité de cette découverte en consultant sur cela les gardes de la fabrique, dont je vous prie de me mander le sentiment et le vôtre pour me mettre en état d'en rendre compte à M. le Garde des Sceaux.

J'ai lieu de croire que, depuis la lettre que j'ai eu l'honneur de vous écrire le 13 juin dernier, ces gardes auront fait travailler, comme ils s'y sont engagés, à l'épreuve de l'emploi de la soie crue dans les étoffes. Je me flatte que vous voudrez bien me mander ce qui en est et, en même temps, si les communautés auxquelles vous avez communiqué mon mémoire sur le commerce se disposent à vous remettre leurs observations. Je suis, etc.

46. À Trudaine, Intendant des finances

Le 19 décembre 1752

J'ai l'honneur de vous envoyer ci-joint les deux projets de lettres que vous m'avez chargé de faire pour le Sieur Lemarchant, Inspecteur de la draperie à Lyon.

Vous y verrez qu'en retranchant les plombs de la fabrique et de contrôle sur des marchandises qui n'ont pas la longueur prescrite, nous évitons de tromper le public en lui présentant des garants qui pourraient l'induire en erreur et sur la foi desquels il pourrait se déterminer à acheter des marchandises qui n'ont pas les qualités portées par les règlements.

En remettant la marchandise au propriétaire sans plombs, pour en user comme bon lui semblera, on évite également l'inconvénient de brider son industrie et de le condamner à l'amende pour une raison pour laquelle il n'en aurait point encouru en Angleterre ni en Hollande, c'est-à-dire dans les pays de l'Europe où sont les plus grandes fabriques.

Le défaut de largeur est laissé pour ce qu'il est, c'est-à-dire pour une affaire particulière entre le fabricant et le marchand dont ils sauront bien se faire faire raison entre eux sans que nous nous en mêlions, supposé qu'il y en ait quelqu'un de mécontent.

Les peines contre les jurés gardes me paraissent justes parce que leur faute est absolument volontaire et qu'ils doivent refuser les plombs aux marchands qui n'ont pas les longueurs et les largeurs prescrites.

L'esprit dans lequel j'ai fait ces projets de lettres est pour éviter de rendre la condition de nos fabricants pire chez nous qu'elle ne serait chez nos rivaux.

Rien n'est plus aisé que de prononcer des confiscations. Il ne faut ni beaucoup d'habileté ni beaucoup de réflexion pour cela. Mais, si, par-là, nous ruinons nos fabricants et leur interdisons de faire des étoffes telles que les étrangers ont la liberté de faire ou telles qu'ils veuillent les consommer, nous concourons nous-mêmes à ruiner notre commerce.

Voilà quelles ont été mes vues. Je les soumets à votre décision, et suis très respectueusement, etc.

CORRESPONDANCE ADMINISTRATIVE AU BUREAU DU COMMERCE

47. À Flachat de Saint-Bonnet,
Prévôt des marchands de Lyon

Le 20 décembre 1752

J'ai reçu la lettre que vous m'avez fait l'honneur de m'écrire le 3 octobre dernier au sujet du nommé Symiand, Suisse et protestant, puisque les maîtres et gardes de la fabrique et tous ceux de qui vous en avez pris information vous ont assuré qu'il était fort bon dessinateur et que son éloignement porterait préjudice à la fabrique. Je vous prie, Monsieur, de voir ce qu'on pourrait faire pour le conserver et quelle tournure on pourrait prendre pour le mettre en état de travailler pour l'avantage de la fabrique de Lyon, afin qu'étant fixé, il n'aille pas enrichir encore de son talent les fabriques de Londres et d'Amsterdam au grand préjudice de celle de Lyon.

48. À Lemarchant, Inspecteur des manufactures à Lyon

Le 22 décembre 1752

Sur le compte que vous me rendez, par votre lettre du 6 octobre dernier, de la saisie que vous avez faite au Bureau de Lyon, d'une balle de rhedins de boissesson qui n'ont pas la largeur portée par les règlements, quoique bien fabriquées d'ailleurs, appartenant au Sieur Bournichon oncle, vous aurez soin d'en retrancher les plombs de fabrique qui n'y auraient pas dû être appliqués puisqu'ils n'ont pas la largeur prescrite, vous n'y appliquerez point non plus les plombs de contrôle qui servent à garantir que la marchandise est fabriquée suivant les règlements, et, en cet état, vous les remettrez au Sieur Bournichon ou à celui qui les réclamera de sa part pour qu'il en fasse ce que bon lui semblera, sans prononcer contre lui ni contre le fabricant d'autres peines.

Quant aux gardes jurés, comme ils n'ont pas dû apposer le plomb de fabrique aux étoffes qui n'ont pas la largeur prescrite par les règlements, vous les ferez condamner aux peines portées par l'arrêt du Conseil du 5 avril 1735.

49. Au même

Le 22 décembre 1752

Sur ce que vous me marquez que les molletons de Mazamet n'ont pas la largeur prescrite par les règlements, vous en retrancherez les plombs de fabrique et n'y appliquerez point ceux de contrôle afin que le public ne soit pas trompé, en achetant ces marchandises, sur la foi de ces plombs, comme si elles avaient la largeur prescrite. Vous les remettrez ensuite en cet état aux propriétaires pour qu'ils en usent comme bon leur semblera sans les condamner à aucuns frais ni amendes ni retenir plus longtemps leurs marchandises.

Mais, comme les jurés ne sont pas excusables d'avoir appliqué les plombs de fabriques à des marchandises qui n'ont pas la longueur prescrite, vous les ferez condamner aux peines portées par l'arrêt du Conseil du 5 avril 1735 et vous m'enverrez des expéditions en forme des jugements qui interviendront en pareil cas, pour les faire passer à M. l'Intendant de Languedoc.

CORRESPONDANCE ADMINISTRATIVE AU BUREAU DU COMMERCE

50. À Champant, ministre du Roi à Hambourg

Le 26 décembre 1752

Depuis que j'ai séance au Bureau du commerce, je me suis fait un devoir de chercher à m'instruire de quelle façon sont régies les grandes manufactures étrangères, pour la comparer avec la méthode que nous suivons pour la régie des nôtres, et voir quelle est la plus propre pour encourager l'industrie. La manufacture des toiles de Silésie établie à l'imitation des toiles de France tient aujourd'hui un rang trop considérable dans le commerce de l'Europe pour ne pas exciter toute notre attention, et tâcher de découvrir par quel principe elle a fait de si grand progrès surtout depuis 1720.

Connaissant, Monsieur, comme je sais votre zèle pour tout ce qui peut intéresser le bien de l'État, je suis persuadé que vous voudrez bien donner quelques moments à cette recherche sur laquelle il vous est plus aisé qu'à personne d'acquérir des connaissances sûres dans le lieu que vous habitez. Je voudrais donc savoir : 1° s'il y a des inspecteurs et des règlements pour les différentes espèces de toile qui se fabriquent en Silésie ; 2° si l'on est astreint à une certaine longueur, largeur et qualité pour chaque espèce, et si le fabricant qui y manque est assujetti à quelque peine ; 3° si ces toiles sont visitées dans quelque bureau à la sortie de la province, et si l'on prend quelque précaution pour empêcher que l'acheteur ne soit trompé, ou si le gouvernement sans s'embarrasser de ce soin, laisse les fabricants fabriquer comme bon leur semble et à l'acheteur le soin d'examiner lui-même la mode et de prendre garde de n'être point trompé ; 4° quel est en général le prix de la main-d'œuvre en Silésie, ou ce qu'un ouvrier qui fait des platilles ou des bretagnes contrefaites y gagne par jour ? 5° pour quelle somme on compte qu'il se fabrique de toile en Silésie par an, et pour quelle somme on estime qu'il s'en envoie par an à l'étranger ; 6° enfin si l'on estime que les manufactures de Silésie, régies comme elles le sont, tendent à augmenter encore, ou si elles tendent à déchoir faute d'inspecteurs et de règlements, ou faute que le fabricant est suffisamment surveillé.

*51. À Flachat de Saint-Bonnet,
Prévôt des marchands de Lyon*

Le 13 janvier 1753

Le rapport du procès entre les tireurs d'or, les fabricants, les passementiers et les guimpiers ayant été suspendu pour donner le temps au Consulat et aux divers corps de commerce de Lyon de répondre au mémoire que vous avez sans doute pris la peine de leur communiquer, il ne dépendra que de lui que je ne remette cette affaire sur le Bureau. Ainsi, Monsieur, ayez la bonté de me mander si je puis espérer de recevoir ces réponses, sinon de tous, au moins de celles du Consulat et de la Chambre du commerce. Votre réponse me déterminera à faire mon rapport de cette affaire ou à la suspendre encore pour quelque temps. Je suis, etc.

52. À Rodiez, Élève-Inspecteur des manufactures à Alais

Le 22 janvier 1753

J'ai vu avec grand plaisir, Monsieur, par plusieurs ouvrages que M. Trudaine m'a communiqués combien vous avez de zèle et de talent. Mais vous ne sauriez les mettre véritablement à profit pour le bien du commerce qu'en traitant doucement les fabricants, en évitant autant qu'il est possible de leur donner des dégoûts. L'expérience aura pu vous apprendre que les étrangers sont fort empressés de nous enlever nos ouvriers, mais qu'ils sont peu curieux de nous enlever nos inspecteurs ; la douceur et les bonnes façons envers nos ouvriers sont nécessaires pour les conserver.

53. À Houdry, de l'Académie de peinture

Le 26 janvier 1753

Voici, Monsieur, un nouveau mémoire qui m'a été remis de Lyon touchant l'établissement d'une école de dessin. Il me paraît presque entièrement dans vos principes et tendent à rejeter le projet de cet établissement. Comme il propose cependant des moyens pour perfectionner le dessin de la fleur, je vous supplie de vouloir bien l'examiner à votre commodité et me marquer ce que vous pensez des moyens proposés et si vous jugez qu'il convienne mieux de les adopter que de laisser les choses comme elles sont.

54. À Flachat de Saint-Bonnet, *Prévôt des marchands de Lyon*

Le 11 mars 1753

J'ai remis à M. Trudaine l'exemplaire de l'ordonnance rendue par M. Rossignol sur la fabrique des velours de Gueux et Fort-en-Diable avec la lettre que vous m'avez fait l'honneur de m'écrire à cette occasion, le 15 du mois passé. Je compte qu'il vous aura mandé que cette ordonnance est un règlement rendu en conséquence des ordres du Conseil qui ne peuvent s'adresser qu'à MM. les Intendants, mais que cela ne change rien à l'attribution dévolue aux juges de police pour connaître des contraventions aux règlements qui concernent les manufactures. D'ailleurs, l'ordonnance en question ne m'a pas été communiquée, mon département ne regardant que les soies et fabriques de soieries et point les autres étoffes. Je suis, etc.

55. Au même

Le 11 mars 1753

Vous avez connaissance de la demande des frères Falconnet, compagnons fabricants de bas de soie qui tend à être dispensés du compagnonnage qui leur manque pour parvenir à la maîtrise. Cette demande, dont j'ai rendu compte au Conseil, a paru d'autant plus favorable que ces deux particuliers se soumettent à monter 50 métiers, ce qui ne pourrait être que très avantageux à cette fabrique et au public. D'ailleurs, le temps de 14 années qu'ils ont passé à travailler, tant comme apprentis que compagnons, fait présumer qu'ils ont les talents et les connaissances nécessaires pour la fabrique et le commerce où ils aspirent. Le Conseil n'a cependant voulu rien décider sans votre avis que je vous prie de vouloir bien m'envoyer en même temps que leur placet ci-joint le plus tôt qu'il vous sera possible. Je suis, etc.

CORRESPONDANCE ADMINISTRATIVE AU BUREAU DU COMMERCE

56. Au même

Le 11 mars 1753

La veuve du Sieur Breton, officier dans les Grenadiers royaux du bataillon de milice de la généralité de Lyon, que son mari a laissée avec deux fils sans aucun bien, demande par son placet ci-joint qu'ils soient admis à l'apprentissage dans la fabrique des étoffes de soie quoique nés, l'un en Sicile et l'autre à Phalsbourg. Les services de cet officier, attestés par le commandant et l'aide-major de ce bataillon, pourraient mériter que l'on accorde cette grâce à ses enfants qui vraisemblablement se fixeront pour toujours en France lorsqu'ils y trouveront les moyens de subsister. Mais, si leur père était français, il me semble qu'il ne devrait y avoir aucune difficulté à leur accorder leur demande. Je vous prie de vouloir bien vous en faire informer et de me mander ce que vous en pensez. Je suis, etc.

57. Au même

Le 27 mars 1753

J'ai l'honneur de vous envoyer les mémoires et avis qui ont été donnés au Conseil sur le projet qui lui a été présenté pour établir une école de dessin à Lyon. J'y joins un mémoire qui contient en 18 articles les éclaircissements qu'il m'a paru nécessaire d'avoir pour se décider sur la proposition de cet établissement. Je vous prie de vouloir bien le communiquer, tant aux auteurs du dernier mémoire d'observations, etc., qui sont des fabricants dessinateurs, qu'à toutes autres personnes que vous croirez en état de donner ces éclaircissements et de répondre aux difficultés que l'on propose, après quoi, Monsieur, vous voudrez bien me renvoyer le tout avec votre avis pour me mettre en état d'en rendre compte définitivement au Conseil. Je suis avec respect, etc.

58. Au même

Le 10 avril 1753

Au mois de juillet 1751, les teinturiers de Lyon portèrent leurs plaintes au Conseil que les maîtres-ouvriers en fer blanc et en plomb de cette ville voulaient sous prétexte de leurs statuts, empêcher le nommé Gay, chaudronnier, de travailler à faire et raccommoder les pompes qui leur servent à tirer l'eau dont ils ont besoin pour leurs teintures quoiqu'aucun ouvrier n'ait l'expérience nécessaire pour ces sortes d'ouvrages que depuis plus de cinquante ans son père et lui sont dans l'usage de faire. Comme ces teinturiers avaient joint à leur placet des requêtes qu'ils avaient présentées à ce sujet au Consulat de Lyon, M. le Garde des Sceaux jugea à propos de les renvoyer à M. Dugas, votre prédécesseur, pour avoir son avis et, en attendant qu'il fût définitivement statué sur cette demande, il l'autorisa par sa lettre du 29 du même mois de juillet à permettre, Monsieur, par provision au particulier, au cas néanmoins qu'il le jugeât nécessaire pour le service public, de continuer de travailler aux pompes, ainsi qu'il l'avait fait par le passé, sans qu'il y pût être troublé dans son industrie.

M. Dugas, suivant cette décision, a vraisemblablement accordé cette permission au Sieur Gay, puisque les ouvriers en fer blanc en demandent la révocation par une requête à laquelle ils ont joint des pièces pour prouver que ce particulier a surpris la religion de M. le

Garde des Sceaux. J'ai l'honneur de vous les envoyer et de vous prier de les examiner, d'entendre si vous le jugez nécessaire et de m'envoyer votre avis pour me mettre en état d'en rendre compte pour faire juger définitivement cette contestation qui me paraît au fond peu importante parce que si ce particulier est sans capacité, comme les plombiers le prétendent, la permission qui lui a été accordée lui est inutile et ne leur fait aucun tort ; si, au contraire, il est plus capable qu'un autre de travailler aux pompes, l'intérêt public doit nécessairement l'emporter sur celui de cette communauté. Je suis, etc.

59. À Brutté, Inspecteur des manufactures à Orléans

Le 10 avril 1753

J'ai rendu compte au Conseil du procès-verbal que vous avez adressé, Monsieur, le 29 du mois passé au Bureau des marchands d'Orléans de la caisse de bas et gants de soie que vous y avez trouvée adressée et pour le compte du Sieur de la Roche, marchand de cette ville, et je suis chargé de vous mander de la lui rendre sur-le-champ. Vous n'eussiez pas dû déférer représentations des marchands bonnetiers pour les arrêter puisqu'elles étaient conformes aux règlements. C'était à eux de faire sur cela ce qu'ils auraient jugé à propos. Quant à vous, vous ne devez pas ignorer qu'il est de l'intérêt du commerce de n'en pas arrêter les opérations et que son intérêt, qui est en même temps celui de l'État, doit toujours être préféré au privilège d'une communauté particulière.

*60. À Flachat de Saint-Bonnet,
Prévôt des marchands de Lyon*

Le 14 avril 1753

M. le Garde des Sceaux m'a renvoyé deux placets des nommés Denis Marchand et Alexis qui demandent d'être admis à l'apprentissage dans la fabrique de Lyon quoique l'un et l'autre soient nés en Franche-Comté. J'ai l'honneur de vous les envoyer et de vous prier de m'en mander votre sentiment. Je suis, etc.

61. Au même

Le 25 avril 1753

Eugène Antoine Brunette, fabricant à Lyon, demande une indemnité et gratification pour avoir trouvé le moyen suivant le vœu de la fabrique de perfectionner la fabrication des velours ciselés et à fleurs. Il s'en rapporte au témoignage qu'en rendront les maîtres et gardes. J'ai l'honneur de vous envoyer son placet que je vous prie de leur communiquer et de vouloir bien m'envoyer sur le tout leur sentiment et votre avis pour en rendre compte à M. le Garde des Sceaux.

62. Au même

Le 21 mai 1753

J'ai l'honneur de vous envoyer le placet du Sieur Dreux qui vient de m'être renvoyé par M. le Garde des Sceaux. Je vous supplie de vouloir bien m'instruire de la vérité des faits qu'il y expose et de me mander votre sentiment sur sa demande afin d'obtenir une lettre de maîtrise dans la fabrique. Je suis, etc.

63. Au même

Le 30 mai 1753

Le Conseil ayant prononcé sur l'affaire des tireurs d'or, des guimpiers, etc., et l'arrêt étant signé, j'attends que l'expédition m'en soit remise pour vous rendre compte de son contenu.

J'ai cru cependant devoir vous envoyer ci-joint le mémoire que j'ai lu au Bureau du commerce en réponse à celui du Consulat. Lorsque vous l'aurez examiné ainsi que ces messieurs, vous aurez la bonté de m'envoyer votre avis au Conseil dont l'intention est de mettre la fabrique de soie sur le pied le plus florissant. Mais, comme on ne veut rien faire ni rien précipiter, on attendra avant de prendre aucun parti l'avis et les réflexions de MM. du Consulat sur les différents moyens proposés pour encourager et étendre la fabrique.

Quant à moi, mon objet dans ce mémoire a été bien moins de soutenir mon opinion que d'exposer aux yeux mêmes des parties intéressées les progrès qu'ont faits nos rivaux dans une fabrique qui leur était, pour ainsi dire, tout à fait étrangère il n'y a pas 70 ans. J'ai cru que rien n'était plus propre qu'une pareille considération pour faire cesser toutes vues particulières et pour nous exciter à nous réunir tous pour concourir au bien général qui est l'augmentation de la fabrique de soie. Je suis, etc.

64. Au même

Le 30 mai 1753

M. le Garde des Sceaux vient de me renvoyer deux placets dont celui du Sieur Tigniard, maître ouvrier en soie. Il expose qu'il a inventé une machine peu coûteuse pour tirer plus facilement les métiers. Il l'a soumis à l'examen des maîtres et gardes de la fabrique et des magistrats et demande une indemnité ou gratification.

Par le second placet, Jacques Bridaut, natif de Lons-le-Saulnier en Franche-Comté, attaché depuis plusieurs années à Lyon à l'exercice du dessin, demande à être admis à l'apprentissage de la fabrique de cette ville nonobstant la disposition du règlement de 1744.

J'ai l'honneur de vous envoyer ces deux placets et vous prie, en m'envoyant votre avis de me mettre en état d'y faire prononcer. Je suis, etc.

65. À Trudaine, Intendant des finances

Le 9 juin 1753

J'ai examiné avec soin le projet général pour les filatures de soie proposé par le Sieur Le Mazurier. Je vous le remets ci-joint avec les réflexions que la lecture de ce règlement m'a fait faire. Si vous jugez, Monsieur, qu'elles puissent mériter quelque attention, je penserais qu'il serait bon de les communiquer au Sieur Le Mazurier lui-même ainsi qu'aux inspecteurs généraux et à MM. les députés avec le projet de règlement, afin que la matière soit suffisamment débattue et examinée avant de prendre un parti sur un objet aussi délicat et aussi intéressant. Je suis, etc.

*66. À Flachat de Saint-Bonnet,
Prévôt des marchands de Lyon*

Le 9 juin 1753

Le Sieur de Monterot, notaire à Chalon-sur-Saône, réclame par le placet ci-joint, 3 pièces de serge blanche de 90 aunes qu'il dit avoir fait fabriquer pour son usage par le nommé Berthoux, fabricant de la paroisse de Moroge située à 3 lieues de Chalon. Il y expose que ces trois pièces de serge ont été saisies par l'Inspecteur des manufactures de Lyon chez un teinturier auquel le Sieur de Monterot les avait envoyées pour les teindre et que le Consulat sur le fonds des dispositions de l'arrêt du Conseil du 3 juin 1733, en a prononcé la confiscation, ce qui me fait présumer que cette saisie n'a été fondée que sur les défauts de plomb de fabrique et de contrôle. Si cette réclamation est faite sans fraude, c'est-à-dire si ce notaire ne prête pas son nom au fabricant et que cette étoffe soit effectivement pour son usage, ces défauts, même le plus ou moins de qualité de l'étoffe seront sans doute assez indifférents. C'est pourquoi, si cela vous est possible, je vous supplie de m'envoyer des éclaircissements, mais je pense qu'en attendant vous jugerez convenable de faire surseoir à l'exécution du jugement du Consulat. Je suis, etc.

67. Au même

Le 18 juin 1753

Étienne Brun, né dans la principauté de Dombes, demande par le placet ci-joint d'être admis à l'apprentissage dans la fabrique des étoffes de Lyon. Il y expose que le Sieur Marry, maître fabricant, son parent, qui a eu la charité de le retirer chez lui depuis la mort d'Antoine Marry, son père, ne demande pas mieux que de le recevoir, que même les gardes de la fabrique ne s'y opposeraient pas sans les dispositions du règlement de 1744. Je vous prie, Monsieur, de leur communiquer cette demande et de vouloir bien m'envoyer sur le tout votre avis. Je suis, etc.

68. Au même

Le 27 juin 1753

Guy Pons, provençal âgé de 20 ans, demande par le placet ci-joint d'être admis à l'apprentissage dans la fabrique des étoffes de Lyon nonobstant la disposition du règlement de 1744. Sa demande me paraît d'autant plus favorable que Pierre Pons, son frère, natif du même lieu, est actuellement compagnon dans cette fabrique depuis 1740. Je vous prie de vouloir bien me mander s'il n'y a rien d'ailleurs qui s'oppose à cette demande.

Je vous remercie, Monsieur, de la complaisance que vous avez eue de m'envoyer les réponses des communautés de Lyon à celui que vous avez pris la peine de leur communiquer sur le commerce. Je me propose de les lire incessamment et de vous marquer ce que j'en penserai. Je suis, etc.

CORRESPONDANCE ADMINISTRATIVE AU BUREAU DU COMMERCE

69. Au même

Le 2 juillet 1753

Les frères Millet, maîtres ouvriers en soie de Lyon, demandent par le placet ci-joint un privilège exclusif ou au moins une gratification pour avoir inventé une machine propre à faciliter sûrement et parfaitement la fabrication des taffetas noirs lustrés qu'ils disent être un des principaux objets du commerce des étoffes de Lyon, et même des satins, florentines et autres étoffes légères. Je vous prie, Monsieur, de vouloir bien vérifier cette machine et de me mander si les avantages qu'en pourra retirer la fabrique seront, à tous égards, aussi considérables qu'ils l'avancent et, dans le cas d'une utilité reconnue, à quoi on pourrait fixer la gratification qu'ils demandent. Car, je ne pense pas que le Conseil voulût se prêter à leur accorder un privilège exclusif, toujours aussi contraire à l'émulation qu'onéreux au public et au commerce. Je suis, etc.

70. À Magnanville, Intendant de Tours

Le 11 juillet 1753

J'ai l'honneur de vous envoyer comme vous me l'avez demandé par votre lettre du 7 de ce mois, le procès-verbal du 2 novembre 1748 dressé par le Sieur Véron de la Croix au Bureau de contrôle du Mans contre le Sieur Cureau et signé par le premier et de Renaudin, commis du Bureau et certifié véritable par le Sieur Brunet, Inspecteur des manufactures. Je vous envoie aussi le procès-verbal qui fut fait depuis par vos ordres par votre subdélégué au Mans le 19 du même mois. Ces deux procès-verbaux étaient joints à la lettre que vous écrivîtes à M. le Garde des Sceaux le 5 décembre 1748 pour l'informer de cette affaire.

71. À Flachat de Saint-Bonnet,
Prévôt des marchands de Lyon

Le 15 décembre 1753

Jean-Baptiste Tival, âgé de plus de 19 ans, s'est obligé le 16 mai dernier en qualité d'apprenti chez le Sieur Faugier, maître fabricant à Lyon. Forcé, trois mois après, par les raisons qu'il explique, de consentir à la réduction de son apprentissage et néanmoins toujours porté d'inclination à suivre le parti de la fabrique, il demande qu'il lui soit permis, dès à présent, de s'obliger avec un autre maître nonobstant que, suivant l'article 10 du titre 5 du règlement, il ne le puisse faire qu'après l'année de la radiation révolue. J'ai l'honneur de vous envoyer son placet et vous prie de vouloir bien me mettre en état d'y faire statuer ainsi que sur tous ceux que je vous ai remis étant à Lyon.

Vous trouverez pareillement ci-joint, Monsieur, un placet des Sieurs Caret, fabricants, qui demandent l'approbation de M. le Garde des Sceaux pour avoir trouvé le moyen, par une nouvelle construction, de faire travailler leur métier par une personne seule et sans tireuse. Ils prétendent que l'étoffe en sera plus belle, que l'on y fabriquera des damas d'Angleterre beaucoup plus facilement que sur d'autres métiers et qu'enfin il sera très utile à la fabrique et même aux passementiers. Je vous prie de vouloir bien le faire examiner et de me mander ce que vous en pensez. Je suis, etc.

72. Au même

Le 24 décembre 1753

J'ai l'honneur de vous envoyer le placet du Sieur Chanony, natif de Lyon et âgé de 25 ans, qui demande d'être reçu à la maîtrise de fabricant nonobstant que le brevet de son apprentissage, dont il dit néanmoins avoir fait réellement 7 années, tant chez un passementier que chez un fabricant avec 3 années de compagnonnage, n'ait pas été enregistré dans les temps. Il paraît avoir d'autant plus d'intérêt de l'obtenir avantageusement. Je vous supplie de vouloir bien me renvoyer ce placet avec votre avis. Je suis, etc.

73. Au même

Le 4 janvier 1754

La matière qui fait l'objet de la question ci-jointe ayant paru à M. le Garde des Sceaux très importante pour la félicité et l'accroissement du commerce de Lyon, il a bien voulu approuver que je vous l'envoyasse pour la remettre à la Chambre du commerce afin que non seulement tous ses membres puissent en prendre communication et la traiter ensemble ou séparément, mais aussi toutes les personnes qui voudront bien s'en occuper. J'ose dire qu'elle intéresse tous les citoyens de Lyon de quelques états qu'ils soient, n'en ayant point qui ne trouve sa prospérité particulière dans l'accroissement du commerce de la ville.

J'espère donc qu'elle fera la matière des réflexions des personnes bien intentionnées, et qui désirent de faire venir à la ville de Lyon un rang plus considérable encore s'il est possible que celui qu'elle tient déjà parmi les villes les plus commerçantes de l'Europe. Les personnes qui voudront traiter la question pourront vous remettre leurs mémoires ou même les adresser directement à M. le Garde des Sceaux qui s'en fera rendre compte et qui leur saura gré d'avoir donné leur temps et leur attention à des objets qui tendent à leur procurer le bien général. Je suis, etc.

Question à proposer au commerce de Lyon.

Attendu qu'il est universellement reconnu que l'usage des billets à ordre est avantageux à la circulation et qu'il semble que celui pratiqué à Lyon de vendre à de longs termes sans billets resserre les opérations du commerce de cette place, contribue à maintenir l'intérêt de l'argent sur un haut pied et nuit surtout aux jeunes négociants et aux commerçants quoiqu'il fasse honneur à la bonne foi usitée sur la place.

On demande quels seront les moyens les plus convenables et, en même temps les plus doux, pour introduire sur la place de Lyon l'usage de donner des billets à ordre pour les ventes à terme.

74. Au même

Le 12 janvier 1754

Le Sieur Boursy, fabricant d'étoffes, demande par le placet ci-joint une récompense pour avoir trouvé le moyen de faire travailler sans tireuse les maîtres de la grande fabrique de Lyon. Il a soumis sa mécanique à l'examen des gardes et de telles autres personnes que ce soit. Je vous prie de vouloir bien prendre là-dessus tous les éclaircissements que vous jugerez nécessaires et de me les envoyer avec votre avis pour me mettre en état d'en rendre compte et de prendre une décision. Je suis, etc.

75. *À Grenus, négociant à Lyon*

Le 14 janvier 1754

Sur le compte que j'ai rendu de votre mémoire, j'ai été chargé de vous marquer que l'on verra avec plaisir votre fabrique de mousselines à l'imitation de celles de Zurich s'établir dans le Royaume de même que la filature de cotons que vous proposez.

Mais vous ne devez pas compter sur un privilège exclusif, le Conseil étant résolu de n'en point accorder. Vous savez vous-même que ces sortes de fabriques sont libres en Suisse ; il n'y a aucune raison pour les gêner en France.

Vous ne devez pas compter non plus sur aucunes avances de la part du Conseil. Mais, si vous voulez former un établissement avec vos fonds et ceux de vos amis en Auvergne ou dans quelque autre province de l'intérieur du Royaume où la main-d'œuvre soit à bon marché, le Conseil pourra vous accorder une gratification sous forme de loyer.

On pourra vous donner aussi une gratification pour chaque métier que vous aurez monté. Vous ne paierez aucun droit sur les cotons en laine que vous ferez venir pour être filés dans votre manufacture ou aux environs de la campagne.

On vous accorderait le titre de manufacture royale lorsque vous auriez 20 métiers montés et battants et un plomb pour vos mousselines. Je suis très sincèrement, etc.

MÉMOIRES ET LETTRES DE VINCENT DE GOURNAY

76. À l'abbé Rigauld, filateur à Trenier en Provence

Le 14 janvier 1754

J'ai rendu compte avec plaisir, Monsieur, du bon état où j'ai trouvé votre filature. Les vues du ministère sont très favorables à ces sortes d'établissements, surtout lorsqu'ils sont conduits par des personnes aussi intelligentes que vous l'êtes. Comme vous m'avez témoigné que vous regarderiez l'exemption du droit de Lyon sur les soies qui seraient ouvrées dans votre filature comme un moyen d'attirer une plus grande quantité de soies grèges étrangères et d'augmenter votre moulinage, vous pourriez, dès à présent, adresser une requête à M. le Garde des Sceaux pour lui demander cette faveur ; vous ferez bien de ne pas perdre de temps sur cela afin que le Conseil ait celui de prendre un parti sur cet objet avant la prochaine récolte. Vous m'avez promis vos observations sur les moyens propres à étendre et encourager les filatures de soies dans la vallée de Barcelonnette.

Vous pourrez me communiquer aussi tout ce que vous croiriez important pour augmenter en France la culture et le commerce des soies et les facilités que vous croirez que l'on pourrait donner pour remplir cet objet. Je suis très sincèrement, etc.

77. À La Roche-Aymon, Archevêque de Narbonne

Le 19 janvier 1754

Pour me conformer à ce que vous avez exigé de moi, j'ai l'honneur d'adresser ci-joint à votre G. le résultat de la tournée que j'ai faite dans les manufactures de Languedoc. Je ne peux que vous répéter,

Mgr., que j'ai observé que les arrangements au Levant et la fixation de la fabrique sont aussi nuisibles à l'État en général qu'à la province de Languedoc en particulier, que l'objet des manufactures dans les vues de l'État est bien moins d'enrichir tel ou tel fabricant que de donner de l'emploi au plus grand nombre de pauvres et de gens oisifs qu'il est possible, parce que l'État s'enrichit certainement lorsque tout le monde y est occupé.

D'ailleurs, l'effet de la liberté est de faire cesser les brigues et les cabales qui dégradent et avilissent les talents en procurant à chacun la faculté de négocier aussi librement et aussi abondamment qu'il lui est possible. Cette liberté, Mgr., est le moyen le plus efficace que nous ayons à opposer aux nations jalouses et rivales de notre commerce.

Je souhaite, Mgr., que vous soyez arrivé en bonne santé à Montpellier. Vous me trouverez toujours prêt à recevoir vos ordres et à concourir autant qu'il dépend de moi à vos vues pour le bien général. Je suis avec un très profond respect, etc.

78. À Flachat de Saint-Bonnet,
Prévôt des marchands de Lyon

Le 22 janvier 1754

J'ai reçu la lettre que vous m'avez fait l'honneur de m'écrire le 15 de ce mois, par laquelle je vois que vous avez communiqué à diverses personnes la question contenue dans ma lettre du 4. Il est essentiel que chacun ait la liberté d'en écrire son avis conjointement ou séparément afin que la vérité soit éclaircie. Il convient aussi que les différents mémoires soient envoyés directement à M. le Garde des Sceaux, afin qu'il puisse les faire examiner par qui bon lui semblera pour s'en faire rendre compte.

Voyez, Monsieur, une lettre de ce ministre qui accompagne un projet d'arrêt concernant les commandites ; vous remarquerez, Monsieur, l'attention que l'on a de la communiquer d'avance aux parties intéressées, combien on est éloigné de vouloir agir avec précipitation et combien l'on désire de pouvoir se concilier avec les négociants eux-mêmes pour opérer le bien général.

Comme l'on envisage dans cet arrêt l'avantage du plus grand nombre, il est important aussi qu'il soit connu du plus grand nombre afin que chacun puisse réfléchir et observer ce qui peut être avantageux et procurer l'accroissement du commerce.

79. À Saint-Priest, Intendant de Montpellier

Le 23 janvier 1754

Les différentes conversations, Monsieur, que j'ai eues à Carcassonne sur les moyens d'augmenter encore en Languedoc l'objet de la fabrication des draps ayant donné lieu à plusieurs fabricants de cette ville de s'occuper de cette idée, ils ont reconnu que le moyen d'y parvenir était de commencer d'abord par étendre les filages et, qu'attendu que ce genre d'industrie n'a point encore pénétré dans le pays de Lauragais et dans le diocèse de Saint Papoul malgré leur proximité de Carcassonne, il serait inutile de tenter d'étendre les filages dans ce diocèse. M. Debrieu, avec qui j'ai parlé souvent de cette idée pendant mon séjour à Carcassonne, l'ayant goûtée, forma sur cela un projet qui m'a paru très propre à remplir cette vue. M. Trudaine, qui l'a vu, a loué le zèle de M. Debrieu et celui des fabricants de Carcassonne qui paraissent vouloir se prêter d'eux-mêmes à faire les frais nécessaires pour former des filages dans le Lauragais. Mais, avant de les laisser s'engager dans ces frais, on serait bien aise de savoir si la chose était facile et possible. On en a reconnu la facilité et la possibilité par le compte qu'en a rendu le Sieur Picot après une tournée qu'il a faite exprès sur les lieux. M. Trudaine doit vous envoyer le projet de M. Debrieu avec les observations du Sieur Picot. Je ne doute pas, Monsieur, que vous ne soyez bien aise de faire répandre l'industrie dans un pays où elle n'a point encore pénétré quoiqu'il soit au milieu de la province la plus industrieuse du Royaume. Tout ce que j'ai vu en Languedoc me persuade que le commerce de la province peut doubler, qu'en étendant notre fabrication nous étendrons nos débouchés, que nous en ouvrirons même de nouveaux si l'on n'en interdit aucun, car, il y a plus d'hommes à habiller dans le monde qu'il n'y a de mains en Languedoc pour filer et pour fabriquer.

Il y a tout lieu d'espérer que l'affaire du Levant sera rapportée avant la séparation des États, mais, dans le cas où l'on trouverait la résistance que vous craignez toujours pour l'abolition des arrangements du Levant, il me semble que vous n'auriez rien à appréhender pour vos fabriques en demandant la liberté de vendre aux étrangers et que la province du Languedoc peut jouir des mêmes libertés pour la vente de ses draps dont jouissent la Bretagne, la Normandie, etc., pour la vente de leurs toiles et de leurs étoffes quelconques.

80. À Courteille, Intendant des finances

Le 25 janvier 1754

M. le Garde des Sceaux m'a renvoyé une requête des selliers d'Angers qui demandent le remboursement de certains frais qu'ils ont avancés pour une cérémonie appelée la quintaine qui se fait tous les cinq ans dans cette ville. Ils ont dirigé cette demande chez le receveur de la ville, Monsieur, parce que par un arrêt contradictoire du Conseil du 30 mars 1751 le Receveur du Domaine du Roi en a été déchargé. Sur le rapport que je fis hier de cette requête au Bureau du commerce, il a été délibéré qu'elle ne serait plus de sa compétence et que j'aurais l'honneur de vous la renvoyer.

81. À La Tour, Intendant de Provence

Le 25 janvier 1754

M. le Garde des Sceaux m'a renvoyé un placet de la veuve Mautouchet, native de Paris, qui, à son retour d'un voyage de Parme où sa santé ne lui a pas permis de demeurer, est venue s'établir à Marseille dans le dessein d'y exercer le talent qu'elle a pour les parures et les modes. Elle s'est, pour cet effet, présentée aux syndics des marchands des arts de la soierie, mais, sous prétexte d'un défaut d'apprentissage, ils ont refusé de l'admettre à la maîtrise quoiqu'elle se soit soumis d'en payer les droits. J'ai l'honneur de vous envoyer ce placet et, pour me mettre en état d'en rendre compte à M. le Garde des Sceaux, je vous prie de vouloir bien vous faire informer du véritable motif du refus de ces syndics, dont le prétexte paraîtra toujours déplacé, surtout dans le cas d'un talent qui n'est fondé que sur le goût et la nouveauté et si, d'ailleurs il est vrai, comme elle le prétend, que ces syndics en aient reçu d'autres du même talent sans la condition qu'ils veulent exiger d'elle. J'attendrai l'avis que vous jugerez à propos de m'envoyer sur cela sous le couvert de M. le Garde des Sceaux. Je suis, etc.

82. À La Genière, Inspecteur des manufactures à Aix

Le 29 janvier 1754

J'ai communiqué, Monsieur, l'échantillon de satin noir teint par le Sieur Jubelin, teinturier à Aix, à M. Helot de l'Académie des Sciences. Vous verrez, par le résultat de son avis que vous trouverez ci-joint, que, quoique le noir en soit solide, il est d'une couleur roussâtre, que la matière que le Sieur Jubelin substitue à la galle durcit sensiblement la soie et qu'enfin il propose de faire une expérience pour vérifier la différence qui peut se trouver dans le poids d'un écheveau de soie teint en noir sur engallage ordinaire avec un pareil écheveau de soie teint à la manière du Sieur Jubelin. Vous êtes fort en état de faire vous-même cette épreuve dont je vous prie de me rendre compte aussi bien que de la situation et des autres talents du Sieur Jubelin dans sa profession. Je suis, etc.

83. À Flachat de Saint-Bonnet,
Prévôt des marchands à Lyon

Le 5 février 1754

J'ai l'honneur de vous adresser ci-joint une lettre du Sieur Falcon que je vous prie de vouloir bien examiner. Sur le rapport que j'ai fait à M. Trudaine de son contenu, il m'a chargé de vous demander votre avis et celui de la fabrique, ce que vous croyez que l'on peut faire pour le Sieur Falcon, quelle somme d'argent il convient de lui donner, en quel état est sa mécanique depuis qu'il y a travaillé de nouveau, si l'on juge qu'elle soit fort utile à la fabrique et que beaucoup de gens puissent s'en servir.

Je vous prie de vouloir bien m'envoyer toutes ces informations le plus tôt que vous pourrez afin que l'on puisse se déterminer sur ce qu'il conviendra d'accorder au Sieur Falcon. Je suis, etc.

84. À Sève, négociant à Lyon

Le 5 février 1754

J'ai reçu, Monsieur, la lettre que vous m'avez écrite le 22 du mois dernier par laquelle vous me marquez avoir vu depuis mon départ le cylindre de M. de Vaucanson et que vous souhaiteriez en faire un de métal et un autre de bois de fer. C'est ce dernier bois qu'il faudrait s'attacher à trouver. On en est occupé ici depuis longtemps sans avoir encore pu y réussir ; vous pouvez chercher aussi de votre côté. Au reste, j'ai rendu compte à M. le Garde des Sceaux et à M. Trudaine de vos dispositions pour continuer à servir utilement la fabrique ; vos talents leur sont connus et ils seront toujours bien aises de vous obliger.

Il convient que vous dressiez un placet pour demander la permission de fabrique que vous désirez. Vous alléguerez en peu de mots les services que vous avez rendus à la fabrique et vous adresserez ce placet à M. le Garde des Sceaux. Je suis, etc.

CORRESPONDANCE ADMINISTRATIVE AU BUREAU DU COMMERCE

*85. À Flachat de Saint-Bonnet,
Prévôt des marchands de Lyon*

Le 5 février 1754

Les frères Currant, que j'ai vus pendant mon séjour à Lyon, m'avaient déjà prévenu qu'ils avaient inventé un nouveau métier aussi propre à la fabrique des étoffes qu'aux passementiers et par le moyen duquel on pourrait se passer des tireuses, si le modèle de ce métier est achevé. Je vous prie de vouloir bien vous le faire remettre, le faire examiner par les maîtres gardes de la fabrique et autres que vous jugerez nécessaires et de m'envoyer leurs observations et votre avis sur tout ce qui fait l'objet du placet ci-joint pour me mettre en état d'en rendre compte à M. le Garde des Sceaux. Je suis, etc.

86. Au même

Le 6 février 1754

Le Sieur Dassier, dessinateur qui, m'a-t-on dit, a eu quelque réputation et dont la situation est aujourd'hui assez fâcheuse, ne cesse de me persécuter pour engager le ministère à lui procurer quelque soulagement. J'en ai conféré avec M. Trudaine qui souhaiterait savoir si ce particulier peut être encore utile et ce que vous pensez qu'on pourrait faire pour venir à son secours. Je vous prie de m'envoyer un éclaircissement le plus tôt qu'il vous sera possible. Je suis, etc.

MÉMOIRES ET LETTRES DE VINCENT DE GOURNAY

87. Lettre circulaire aux Intendants :
La Tour, La Porte, Lescalopier et Magnanville

Le 18 février 1754

Dans le voyage que je viens de faire en Languedoc, j'ai observé que les particuliers qui ont planté des mûriers se plaignaient de ce qu'on prétendait imposer leurs mûriers en 20 s. en particulier et indépendamment du fonds sur lequel ils sont plantés. J'ai cru que les raisons sur lesquelles ils se fondent étaient de nature à ne devoir pas les laisser ignorer à M. le Garde des Sceaux, mais, qu'avant de lui en rendre compte, il convenait de savoir comment les choses se passent à cet égard dans les diverses généralités où l'on s'adonne à la culture de ces arbres. C'est dans cette vue, Monsieur, que j'espère que vous trouverez bon que je vous prie de vouloir bien m'informer de quelle façon les mûriers sont compris dans les déclarations que fournissent les particuliers dans votre département pour l'imposition du 20 s., s'ils sont imposés en particulier et indépendamment du fonds sur lequel ils sont plantés, dans ce cas, à quel âge ils commencent à payer l'imposition et enfin, quelle est la forme des déclarations fournies jusqu'à présent. J'espère, Monsieur, que vous voudrez bien m'envoyer sur cela les détails que vous jugerez nécessaires afin qu'en informant M. le Garde des Sceaux de ce qui fait le sujet des plaintes des habitants du Languedoc, je puisse lui rendre compte en même temps de la forme que l'on suit ailleurs.

P. S.   à M. de Magnanville

J'ai l'honneur de vous informer que pendant ma tournée à Lyon et en Languedoc j'ai pris des instructions sur les moyens d'employer la soie crue, que les fabricants de Lyon et de Nîmes sont convenus de l'utilité qui reviendrait à nos fabriques d'en permettre l'usage comme font les Chinois et plusieurs nations d'Europe dans diverses étoffes, qu'en conséquence, M. le Garde des Sceaux s'est déterminé à permettre que l'on en fît des essais à Lyon en y mettant des lisières différentes. On a travaillé dans le même goût à Nîmes et voici un petit échantillon de taffetas que l'on y fait à l'imitation de ceux de Suisse. On les a vendus cet été à Paris 3 l. 2 s. l'aune.

Le Sieur Bourjot, qui est allé faire un voyage à Tours, pourra vous entretenir de ce qui se passe à Lyon touchant la soie crue. Je l'ai chargé de vous rendre compte aussi et de s'entretenir avec vos principaux fabricants des effets du cylindre de M. de Vaucanson sur les étoffes que l'on y fait passer. Il s'en est déjà débité quelques-uns ici cet hiver et je ne doute pas que l'on ne parvienne avec un peu de temps à imiter toutes les étoffes qui se font en Levant. Je voudrais bien que quelques-uns de vos principaux fabricants voulussent essayer aussi de ce genre de fabrication et voir si l'on ne pourrait pas tirer parti de ces cylindres pour la fabrique de Tours. Je voudrais bien qu'elle pût se rendre communs tous les genres d'industrie de la fabrique de Lyon et ceux de toutes les autres fabriques tant du Royaume qu'étrangères. On ne demande pas mieux ici que de leur faciliter tous les moyens imaginables d'étendre et d'accroître leur commerce.

88. À Flachat de Saint-Bonnet,
Prévôt des marchands de Lyon

Le 1er mars 1754

Voici le second placet que Jean-Baptiste Grata présente pour être admis à l'apprentissage dans la fabrique de Lyon, quoique né en Franche-Comté. Le premier m'a été renvoyé de mon Bureau à Lyon pendant le dernier séjour que j'y ai fait. Il sera sans doute du nombre de ceux que je vous ai communiqués. Je vous prie de vouloir bien en faire faire la recherche et de me mettre en état d'y faire statuer le plus tôt qu'il vous sera possible. Je suis, etc.

89. Au même

Le 4 mars 1754

Le nommé Bouchont, maître passementier, a inventé l'année dernière une étoffe en gaze argent brochée de taffetas pour laquelle il a demandé à M. le Garde des Sceaux un privilège exclusif et que les gardes de la fabrique lui avançassent une somme de 500 l. pour la fabriquer. Quoique ces demandes ne lui aient pas été accordées, les talents du Sieur Bouchont, dont j'ai entendu parler pendant mon séjour à Lyon, paraissent mériter quelque attention. Je vous prie de vouloir bien vous en faire informer plus particulièrement et de me mander ce que l'on pourrait faire pour le mettre en état d'exécuter le projet de cette étoffe qui serait peut-être pour lui un moyen de payer ses créanciers qui, par leurs poursuites, l'obligent à rester dans une inaction qui ne peut que leur être préjudiciable et occasionner en même temps sa ruine.

CORRESPONDANCE ADMINISTRATIVE AU BUREAU DU COMMERCE

90. Au même

Le 4 mars 1754

J'ai reçu les éclaircissements que vous avez pris la peine de m'envoyer sur le compte du Sieur Dassier, dessinateur, avec l'état de ses dettes. J'ai rendu compte de sa situation et de la justice que l'on rend à ses talents. Malgré l'envie de le secourir, on n'est cependant pas disposé à acquitter ses dettes et l'on se porterait plus volontiers à lui accorder une pension de 500 à 600 l. qui ne serait sujette à aucune saisie, à condition de former des élèves. Ayez la bonté, Monsieur, de lui en faire la proposition et de me mander si le parti lui convient. Je suis, etc.

91. À Sahac de Planhol, Trésorier des finances à Lyon

Le 4 mars 1754

J'ai reçu, Monsieur, la lettre que vous m'avez fait l'honneur de m'écrire de Lyon, sans date. J'ai attendu, pour y répondre, d'avoir reçu celle que j'attendais de M. l'évêque du Puy qui se propose, à son retour dans son diocèse, de m'envoyer un mémoire sur ce que l'on peut attendre de la ville du Puy pour l'encouragement aux fabriques de soie au Puy. En attendant, je dois vous dire, Monsieur, que l'intention du Conseil n'est pas de faire d'abord un établissement aussi considérable que celui que vous paraissez envisager. On voudrait commencer d'abord par un petit nombre de métiers, sauf à les augmenter ensuite.

Je dois vous dire aussi que le Conseil ne veut point faire aucune sorte d'avance en faveur d'un établissement aussi coûteux que celui que vous paraissez avoir en vue, mais on pourra vous donner une somme par année pour vous tenir lieu de loyer.

On vous donnera aussi une gratification par chaque métier battant que vous entretiendrez. On vous donnera des facilités relativement à la douane de Lyon, soit pour les soies que vous en tirerez, soit pour les étoffes que vous y enverrez vendre. Avec ces encouragements et ceux que vous pourrez peut-être vous procurer de la part de la ville du Puy, vous verrez, Monsieur, s'il vous conviendrait de tenter la fabrication des mêmes étoffes qui se font à Lyon en uni. On sera d'ailleurs très porté à vous favoriser et, en mon particulier, je serais toujours charmé de vous renouveler les sentiments avec lesquels, etc.

Le Conseil est occupé des chemins dont vous parlez dans votre lettre et vous pouvez vous flatter de voir dans quelques années toutes les communications au Puy plus faciles.

*92. À Flachat de Saint-Bonnet,
Prévôt des marchands de Lyon*

Le 6 mars 1754

Entre les différents mémoires qui ont été envoyés directement à M. le Garde des Sceaux sur la question des billets à ordre, en voici un qui a paru mériter attention. Les détails dans lesquels l'auteur est entré, les raisons qu'il donne pour prouver que l'usage des billets à ordre ou des lettres de change opérerait nécessairement la diminution du prix de l'intérêt de l'argent, chose si désirable pour l'augmentation de notre commerce, m'ont fait croire qu'il serait vu avec plaisir par la Chambre du commerce et par ceux qui ont déjà bien voulu donner leur attention à l'examen d'un objet aussi intéressant. J'espère donc, Monsieur, que vous voudrez bien le communiquer et, s'il donne lieu à quelque nouvel ouvrage, on le recevra avec plaisir. Je suis avec respect, etc.

93. À Trudaine, Intendant des finances

Le 15 mars 1754

J'ai été extrêmement satisfait du résultat des essais que l'on a faits pour fabriquer à Rouen les toiles de coton qui servent au commerce de Guinée et j'en augure que, si un seul fabricant a déjà pu trouver le pair et même de l'avantage à imiter quelques-unes des espèces de ces toiles, il y a lieu de se flatter que nous pourrons réussir à les imiter toutes avec fruit lorsqu'elles seront livrées à tout le monde, qu'elles feront l'objet de la concurrence d'un grand nombre de fabricants et que nous viendrons à leur secours, en affranchissant l'indigo et les autres drogues servant à la teinture de toutes sortes de droits, afin de les mettre sur cela au niveau avec les fabricants anglais et hollandais qui ne paient aucun droit sur les teintures.

Je ne voudrais pas non plus obliger nos fabricants à fabriquer ces toiles dans le même aunage et dans les mêmes qualités que les pièces matrices, attendu que j'ai l'expérience que les Silésiens ont beaucoup empiété sur la consommation de nos toiles en envoyant en concurrence des toiles de qualité inférieure aux nôtres, mais qu'ils donnent à meilleur marché. Je voudrais donc laisser sur cela toute liberté au fabricant en l'obligeant seulement de marquer sur la pièce l'aunage quelconque. Il me paraît toujours singulier qu'on veuille mettre des bornes à des choses que nous ne connaissons pas bien encore et que l'on craigne déjà de perdre ce que nous n'avons pas encore acquis.

Je voudrais donc laisser pour la fabrication de ces toiles toute liberté. L'essai que l'on ferait à cet égard pourrait même servir à nous décider par la suite sur la grande question de savoir si la liberté totale convient mieux pour étendre et pour soutenir le commerce que les restrictions et les peines ordonnées par nos règlements.

L'avidité que l'on reproche sans cesse à nos négociants est une qualité nécessaire et qui n'aura jamais que des suites avantageuses pour l'État, quand on tendra à établir entre eux la plus grande concurrence possible. Cette même concurrence est le meilleur frein que l'on puisse mettre à la mauvaise foi et un négociant honnête homme oblige mille fripons à négocier malgré eux comme d'honnêtes gens. Tout ce que je désire donc pour nos négociants, c'est qu'ils puissent être vus de plus près des gens en place et non par des yeux intermédiaires. J'ajouterai encore que si Dieu m'avait confié la pâte dont il a formé les négociants français, je n'aurais pas voulu les faire autrement qu'ils le sont. Mais en leur laissant toute liberté de se livrer à leur génie, à leur industrie et à ce qu'on appelle leur avidité, je me serais uniquement occupé de leur susciter dans la nation même le plus grand nombre de concurrents possible. Et, dès lors, j'aurais cru avoir attaché pour jamais au Royaume de France un commerce immense qui se reproduirait sans cesse et qu'aucune nation ne pourrait lui enlever. Je suis, etc.

CORRESPONDANCE ADMINISTRATIVE AU BUREAU DU COMMERCE

94. À Rozée, négociant à Nantes

Le 30 mars 1754

Sur le compte que j'ai rendu, Monsieur, de la lettre que vous m'avez fait l'honneur de m'écrire au sujet d'un établissement à Hambourg, on m'a chargé de vous marquer qu'on se déterminerait à donner à la nouvelle maison qu'on y établirait par forme d'encouragement :

1° Le loyer de la maison qu'elle occuperait et les magasins pendant 6 ans.

2° À lui payer les appointements d'un bon teneur de livres pendant 6 ans.

3° On lui donnerait un crédit en France de deux cent mille livres en payant les intérêts au cours, bien entendu qu'on donnerait en France caution suffisante pour ce crédit.

Voilà, Monsieur, ce que l'on m'a chargé de vous marquer. Je souhaite que ces propositions puissent vous convenir, aux personnes que vous auriez en vue, ainsi que MM. Grou et Libault, et je vous prie de me marquer ce que vous en penserez et ce que vous croyez que l'on pourra faire. J'ai l'honneur d'être, etc.

95. À Flachat de Saint-Bonnet,
Prévôt des marchands de Lyon

Le 1er avril 1754

Vous verrez par la lettre ci-jointe du Sieur Falcon qu'il se plaint qu'une partie des maîtres ouvriers de la fabrique ont cabalé pour s'opposer au progrès de sa mécanique dont l'utilité a été reconnue. S'il est vrai qu'ils se soient adressés pour ces affaires au Conseil, je vous prie de vouloir bien vous informer du véritable motif de cette démarche et si elle est avouée par la plus saine partie de ces ouvriers. Vous jugerez peut-être même convenable de faire assembler devant vous les plus intelligents pour les entendre et, en ce cas, de me mander le résultat de cette conférence avec votre avis. Je suis, etc.

96. À Trudaine, Intendant des finances

Le 10 avril 1754

J'ai l'honneur de vous renvoyer ci-joint la lettre et le mémoire de M. Cottin. Je doute fort qu'aucun des principaux négociants du Royaume se crût décoré du titre d'agent du commerce. Il pourrait craindre qu'on ne le confondît avec celui d'agent de change. D'ailleurs, les fonctions qu'on veut lui attribuer sont ou inutiles ou superflues. Elles formeraient bientôt une place et les places nuisent au commerce.

Mais, si l'on veut effectivement retenir les négociants célèbres dans le commerce, il faut non seulement les décorer eux-mêmes, mais décorer leur état.

Pour les décorer eux-mêmes, on peut se conformer à ce qui se pratique chez les nations qui s'occupent le plus d'encourager le commerce.

En Angleterre, on fait tous les jours des négociants chevaliers et baronnets. Je connais les chevaliers Heatkeste, Gore, Vurmeck, Barnard, les mêmes à qui la nation a décerné une statue. Ils ont tous continué le commerce après qu'ils ont été faits baronnets et membres du Parlement.

En Espagne, on fait toujours les jours les négociants comtes et marquis et chevaliers des ordres de Saint Jacques et de Calatrava. Ces ordres sont conférés indistinctement aux militaires, aux gens de robe et aux négociants de distinction.

J'ai vu, dans ce pays-là, les comtes del Pinace, les marquis de Premier Real de la Canada, de Casa Recano, de Casa Madrid qui faisaient le commerce et l'ont continué depuis leur illustration.

Pour décorer en France l'état de négociant, il serait nécessaire de l'assimiler aux états qui y sont en honneur et que quelque homme dans une place éminente se déterminât à y faire élever un de ses enfants. Il ne faut pour cela qu'aimer son pays à un certain point ou avoir la centième partie d'une étincelle de l'âme du Czar Pierre. J'avoue que le préjugé s'y oppose, mais on conviendra que l'effort qu'il faudrait faire serait toujours infiniment au-dessous de la violence que dut se faire l'empereur moscovite pour devenir matelot et charpentier. Mais il était infiniment convaincu qu'il ne pouvait être tout puissant sans une marine. Pourquoi l'amour de la patrie ne ferait-il pas faire à un Français beaucoup moins qu'il n'a fait faire à un empereur moscovite ?

Tandis que l'Europe n'a été que guerrière, les souverains qui ont eu besoin de soldats, ont accordé des distinctions à l'état militaire pour y attirer les hommes.

Aujourd'hui que l'Europe devient commerçante, les souverains ont besoin de négociants. Il faut donc qu'ils fassent pour attirer au commerce et pour y faire persévérer ce qu'ils ont fait pour attirer les hommes vers l'état militaire et pour les y retenir. J'ai, etc.

97. Aux députés du commerce

Le 16 avril 1754

J'ai l'honneur, Messieurs, de vous envoyer ci-joint un projet d'arrêt tendant à établir la liberté de contracter des sociétés en commandite dans la fabrique de Lyon, faculté qui a été restreinte aux seuls maîtres marchands par le règlement de 1744. Ce projet d'arrêt ayant été communiqué à la Chambre du commerce de Lyon a produit divers avis pour et contre. Je les joins tous ici en vous suppliant de vouloir bien prendre cette matière en considération et m'envoyer ensuite votre avis sur cette affaire importante afin que je puisse en rendre compte au Bureau. J'ai, etc.

98. À Rozée, négociant à Nantes

Le 27 avril 1754

Lui marquer qu'outre le loyer et les appointements d'un teneur de livres, la Cour avancera deux cent mille livres sous caution à 3 ½ pour 100 pour mettre la nouvelle maison en état de faire des avances à ses commettants.

On se réserve la faculté de placer une ou deux personnes comme associées dans la maison.

Idem d'y envoyer de jeunes gens pour apprendre le commerce et la langue allemande afin de pouvoir les établir dans d'autres endroits du Nord. On paiera pour ces jeunes gens une pension alimentaire.

CORRESPONDANCE ADMINISTRATIVE AU BUREAU DU COMMERCE

99. Au comte d'Argenson, Secrétaire d'État à la guerre

Le 3 mai 1754

J'ai rendu compte à M. le Garde des Sceaux des plaintes qui lui ont été portées par les arquebusiers de La Rochelle contre les officiers de l'État-major de cette ville qui, suivant eux, mettent des obstacles au débit qu'ils pourraient faire des armes de leur fabrique dans les environs de cette ville. Mais M. le Garde des Sceaux a jugé, Monsieur, que c'était à vous à juger cette affaire et m'a chargé d'avoir l'honneur de vous remettre le placet de ces arquebusiers avec les éclaircissements et l'avis de M. l'Intendant sur cet objet. Je suis avec un très profond respect, etc.

100. À Magnanville, Intendant de Tours

Le 27 mai 1754

Ce n'est que depuis hier que Messieurs les Députés du commerce m'ont remis les réponses des villes de Lyon et de Marseille à la prétention des fabricants de Tours pour obtenir la liberté d'introduire les soies dont ils ont besoin par les ports du Ponant. J'ai l'honneur de vous envoyer ces réponses avec l'avis de Messieurs les Députés ; j'espère qu'il ne sera pas difficile aux fabriques de Tours de répondre aux deux Mémoires de Lyon et de Marseille, et quand vous m'aurez renvoyé le tout, je me ferai un grand plaisir d'appuyer leurs prétentions et de tâcher de vous convaincre de mon empressement pour tout ce qui pourra contribuer à l'accroissement et aux facilités du commerce de la ville de Tours.

MÉMOIRES ET LETTRES DE VINCENT DE GOURNAY

101. À Bruiset à Lyon

Le 19 juin 1754

Le Conseil, Monsieur, ayant fort à cœur d'encourager la fabrication des damasquettes et de mettre la fabrique de Lyon en état de la disputer aux Vénitiens, m'a chargé de vous demander votre avis sur l'encouragement que vous croirez le plus convenable à y donner ; si vous croyez qu'il doive être de 3, 4, ou 5 pour cent, quelle méthode vous jugeriez la plus propre à suivre, soit de donner cet encouragement à tant par aune, ou bien à tant par pièce, ou à tant par livre pesant ? Vous me ferez plaisir de m'envoyer votre avis sur cela, et d'indiquer la méthode que vous jugerez la plus claire et la moins susceptible de fraude. Je suis, etc.

102. À Magnanville, Intendant de Tours

Le 3 juillet 1754

J'ai reçu, Monsieur, la lettre que vous m'avez fait l'honneur de m'écrire le 18 du mois passé en me renvoyant les mémoires que les fabricants de Tours avaient adressés au Conseil pour obtenir la permission de tirer des soies en droiture sans les faire passer à Lyon et la réponse qu'ils ont faite aux objections des Chambres de commerce de Lyon et de Marseille. Je vous avoue, Monsieur, que j'ai été surpris de voir que ces fabricants semblent abandonner aussi légèrement une prétention qui paraît juste et cela sous le prétexte que le Conseil, en venant sur ce point à leur secours, ne le leur fît regarder comme une espèce de dédommagement de la faculté qui pourrait être accordée à d'autres fabriques de travailler dans la largeur de 5/12, faculté que les fabricants de Tours prétendent devoir leur appartenir exclusivement. Je crois pouvoir vous assurer, Monsieur, que ce n'est point la façon de penser du Conseil et que, s'il est persuadé qu'il convienne au bien de l'État de maintenir la fabrique de Tours dans le privilège exclusif qu'elle réclame de travailler seule dans la largeur de 5/12, la permission de faire venir des soies par les ports du Ponant, supposé qu'elle vint à leur être accordée, ne leur serait jamais passée en ligne de compte, parce que dans la question présente, il ne s'agit pas de décrire un cercle pour chaque fabrique, mais plutôt de mettre chaque fabrique en état de tirer de sa position tout le meilleur parti possible.

M. le Garde des Sceaux vient de me renvoyer le nouveau mémoire que les fabricants vous ont remis sur ce qui fait le sujet de leur inquiétude. S.A.S. Mgr. le comte de Charolais m'en a renvoyé un autre. Ainsi, Monsieur, vous jugez bien que j'y ferai toute l'attention dont je suis capable, mais je dois vous observer que ce qu'allèguent les fabricants de Tours que la ville de Lyon a obtenu la permission de travailler dans la largeur de 5/12 n'est pas exactement vrai, car, jusqu'à présent, le Conseil n'a fait autre chose que de donner des permissions particulières à quelques fabricants de Lyon de travailler dans la largeur des étoffes étrangères, et cela par imitation et par forme d'essai. Il est vrai que les étrangers travaillant dans la largeur de 5/12, on n'a pas cru devoir exempter cette largeur de celle à laquelle les fabricants de Lyon pourraient travailler, mais je vous prie toujours d'observer que cette faculté n'est point générale, mais pour ceux seulement à qui ces permissions particulières sont accordées.

Entre les différents articles contenus dans le mémoire des fabricants de Tours, ce qui me paraît devoir faire le plus d'impression est ce qu'ils allèguent qu'en

1666 et 1667, il y avait près de 7 000 métiers travaillant à Tours et que dans cette dernière année, M. Colbert ayant voulu obliger la fabrique de Tours à travailler dans la largeur de Lyon, ces 7 000 métiers se trouvèrent réduits à 1 000 dès l'année 1675.

Il est vraisemblable que, si cette allégation était fondée et que, si la ville de Lyon avait fait tomber les 6 000 métiers que celle de Tours a perdus depuis 1666 jusqu'en 1675, la ville de Lyon les aurait acquis. Or, c'est un fait avoué par la ville de Lyon dans un temps non suspect et où il n'était nullement question de concurrence avec Tours qu'en 1685 il n'y avait encore à Lyon que 2 000 métiers. Ainsi, si la ville de Tours s'est vu enlever 6 000 métiers dans l'espace de onze ans, ce n'est pas à Lyon qu'il faut s'en prendre et il faut chercher leur chute dans quelque autre cause.

Au reste, comme je désire donner toute mon attention à l'examen de cette affaire, je vous prie de vouloir bien m'envoyer un exemplaire des règlements par lesquels la fabrique de Tours était régie avant celui de 1667 et de vouloir bien éclaircir si les 6 000 métiers que la fabrique de Tours compte avoir perdus jusqu'en 1675 étaient uniquement des métiers d'étoffes de soies et si l'on n'y comprenait pas les métiers que pouvaient avoir les passementiers, taffetatiers, rubaniers, etc., dont la fabrique a été aussi autrefois considérable à Tours, sans qu'on puisse en imputer la diminution à la ville de Lyon. J'espèce que vous voudrez bien me marquer ce que vous pourrez découvrir de plus exact sur cet objet. Au surplus, Monsieur, je vous dirai entre nous que je n'ai trouvé autre chose dans le mémoire des fabricants de Tours que le langage que tiennent tous ceux qui se croient le droit d'exercer un privilège exclusif et qui veulent s'en assurer la possession. Les raisons dont ils se servent sont les mêmes qu'ont employées les fabricants de Lyon toutes les fois qu'on a voulu attaquer leurs statuts et quelques-uns des privilèges exclusifs qu'ils exercent en vertu de ces mêmes statuts. Tout le monde réclame la liberté du commerce, mais, lorsque, pour en venir à cette liberté, il doit en coûter quelque chose à l'intérêt particulier, on est toujours prêt à dire que la liberté du commerce est bonne en général, mais nuisible dans le seul point où notre intérêt particulier est blessé, et que pour ce point-là seul, on doit l'exclure de toute bonne administration. C'est le langage des fabricants de Tours, celui de ceux de Lyon et de tous les marchands et les fabricants du Royaume qui ont été assez habiles pour persuader que tout ce qui convenait à leur intérêt particulier n'était autre chose que le bien général, tandis que, dans le fait, il n'y a rien de plus opposé.

Mais je vous demande à vous, Monsieur, si, dans un temps où tous les souverains de l'Europe établissent chez eux des manufactures de soie et leur permettent de travailler concurremment dans tous les genres et dans toutes les largeurs, les fabricants de Tours peuvent se persuader que le Roi se soit à jamais lié les mains envers eux et que, quelles que soient les variations qui pourront arriver, le Conseil ne pourra désormais conférer à aucune autre fabrique du Royaume la liberté de travailler dans la largeur de 5/12 ; et si, dans le cas où pour opposer un plus grand nombre de concurrents aux fabriques étrangères qui se multiplient chaque jour, on venait à penser qu'il fût nécessaire de les multiplier dans le Royaume tant en deçà qu'au-delà de la Loire, peut-être même dans la province de Touraine, soit dans les villes, soit dans les campagnes, vous croyez que la largeur de 5/12 dût être interdite, tant aux nouvelles qu'aux anciennes fabriques pour en laisser jouir exclusivement la ville de Tours à perpétuité et pour jamais quelle que puisse être la situation du commerce.

Je vous présente toutes ces idées, Monsieur, non pour les communiquer aux fabricants de Tours qui ne font que leur métier en s'opposant à tout ce qui choque leur intérêt particulier, mais pour former de conversation entre vous et moi et parce qu'il pourrait arriver que cette matière fût agitée quelque jour.

Au reste, je pense que vous pouvez dans ce moment calmer leurs inquiétudes en les assurant qu'il n'y a point de permission générale donnée à la fabrique de Lyon pour travailler dans la largeur de Tours, comme ils le supposent, et que les permissions particulières qui ont été données ne l'ont été que dans la vue d'imiter les étoffes étrangères, et d'en empêcher par là le versement chez nous, versement aussi préjudiciable à la fabrique de Tours que celle de Lyon elle-même ; que d'ailleurs ils ne doivent pas regarder des questions à agiter comme des questions décidées, et que dans un temps où ces mêmes questions sont discutées dans toute l'Europe, où l'on s'occupe plus que jamais de commerce et de manufactures, il faut bien les agiter aussi chez nous, si nous voulons nous opposer efficacement aux progrès des étrangers et étendre nos propres fabriques.

Il me reste à me plaindre à vous-même de ce que vous en imputer d'avoir enlevé à la fabrique de Tours la différence de la largeur ; vous voyez par vous-même, Monsieur, que le fait n'est pas exact ; vous savez d'ailleurs que j'ai des supérieurs et que ce sont eux qui décident. Quant à moi je ne fais que mon devoir en leur proposant ce que je crois le plus avantageux au bien général, et je ne puis, sans y manquer, me dispenser de continuer à faire de même. Je suis, etc.

103. Au marquis de Stainville, ambassadeur à Rome

Le 16 avril 1755

Je profite des moments que vous voulez bien me donner pour vous entretenir d'un objet que je crois digne de l'attention de la Cour de Rome et de l'intérêt qu'elle prend à la prospérité des pays catholiques.

Il s'agirait de faire revoir par des gens bien au fait du commerce, les lois et les constitutions relatives au prêt de l'argent. Celles que nos casuistes ont établies sur cette matière sont si peu analogues au temps où nous vivons, et si peu compatibles avec les progrès de l'agriculture et du commerce, qu'elles donnent un avantage sensible et continuel aux pays protestants sur les États catholiques, en sorte que les pays protestants sont toujours en état de nous fournir de l'argent à un intérêt plus bas que celui que nous pouvons trouver chez nous-mêmes ; d'où résulte que nous sommes continuellement leurs débiteurs, et, le débiteur étant toujours dans la dépendance du créancier, nos terres et notre industrie se trouvent nécessairement hypothéquées aux États protestants qui nous ont prêté et ils retirent le plus clair de leur produit.

La facilité que l'on a chez eux de prêter sur billets et sans être forcés comme chez nous d'aliéner le fonds, celle de prêter sur gages, tout cela multipliant le nombre des prêteurs, fait que celui qui voudrait exiger un prêt excessif de son argent est contenu par un autre qui l'offre à meilleur marché, en sorte que l'argent circule nécessairement à un intérêt plus bas que dans les pays catholiques et que l'on peut dire que, quoique l'usure ne soit pas défendue chez eux, la multitude des prêteurs la rend impraticable, au lieu que, quoiqu'elle soit très sévèrement prohibée par toutes nos lois, tant ecclésiastiques que séculières, elle est très commune par la rareté du fonds, ce qui fait que ceux qui ne le sont pas, trouvant peu de concurrents, sont maîtres des conditions et imposent les lois les plus dures à leurs débiteurs.

Ce mal est encore infiniment plus sensible dans nos provinces que dans la capitale ; d'où il s'ensuit que nos terres sont bien moins cultivées que celles des Protestants, que notre commerce est infiniment plus resserré et moins avantageux que le leur, le bas prix de leur intérêt les mettant en état de gagner là où nous perdons et qu'enfin nous nous affaiblissons et nous appauvrissons continuellement vis-à-vis d'eux. Les pays qui sont en état de prêter aux autres attirent d'abord l'argent, et ensuite le peuple des pays auxquels ils prêtent. Ce mal ne vient sans doute que de ce que casuistes n'ont point connu la nature du commerce et la liaison qu'il y a nécessairement entre la culture des terres, l'augmentation du peuple et le prix de l'intérêt de l'argent qui ne saurait être bas que dans les pays où les facilités pour prêter son extrêmement multipliées. S'ils avaient connu cette liaison, ils se seraient sans doute attachés à rendre le prêt aussi facile qu'ils l'ont rendu difficile par les conditions qu'ils y ont mises.

Personne ne peut mieux que vous, Monsieur, faire connaître le préjudice qui en résulte à tous les pays catholiques ; quelle circonstance peut jamais être plus favorable pour y remédier que le règne du souverain Pontife qui gouverne aujourd'hui si heureusement l'Église !

104. À Trudaine, Intendant des finances

Le 9 mai 1755

Extrait d'un avis
de M. de Gournay à M. Trudaine

Au reste je ne puis m'empêcher de faire une réflexion sur les règlements qui résultent pour nos fabriques d'avoir prescrit et fixé les espèces de laine qui peuvent y être employées.

1° Cette fixation empêche toute concurrence entre les laines ; il est pourtant très vrai que la concurrence de la plus basse espèce sert de proche en proche à contenir le prix de la plus haute.

2° Elle met le fabricant dans le cas de suracheter souvent les espèces de laine qu'il lui est permis d'employer, parce que les spéculateurs, sachant que dans telle fabrique on ne peut employer que telle espèce de laine, sont plus hardis à s'en emparer dans la certitude où ils sont qu'il faudra que le fabricant cesse de travailler absolument ou qu'il passe par leurs mains. Ainsi, s'il y a des accapareurs, c'est la loi même qui les suscite, en rendant leur métier moins hasardeux.

3° Cette fixation empêche le fabricant de substituer un travail à un autre dans le temps où l'espèce de laine qu'il lui est permis d'employer est trop chère ; car, alors il ne lui est pas permis d'avoir chez lui des laines plus grossières. Il faut nécessairement, ou qu'il cesse entièrement de travailler, ou qu'il emploie de la laine trop chère ; et alors il est tout simple qu'il cherche à en diminuer la quantité. Ainsi, la fixation des qualités des laines est elle-même une cause nécessaire de l'altération de nos fabriques dans certains temps. Cela fait voir que le commerce et les fabriques ne peuvent supporter des lois fixes, invincibles, que les gênes étant opposées à l'esprit du commerce, resserrent nécessairement le travail du peuple et rendent l'état de notre fabrication précaire.

105. Au même

Le 14 décembre 1755

J'ai l'honneur, Monsieur, de vous envoyer ci-joint la lettre que m'ont écrite les principaux négociants et fabricants de Montauban en m'envoyant leurs observations sur le règlement général du 12 mars 1745. Vous verrez, Monsieur, par le préambule de ce règlement qu'il n'est rien moins que l'ouvrage du Conseil, que l'on nous y annonce des principes plus parfaits pour la fabrication et des règles nouvelles, etc., et que l'on a trouvé dans la docilité des fabricants ce qui prouvait au projet pour entière perfection.

Je vous avoue, Monsieur, que je suis toujours surpris que l'ouvrage d'un seul homme qui s'annonce ait mérité tant de confiance, qu'il me paraît très susceptible de révision, sachant quand dans la forme dont le règlement est entendu et par l'intention qu'on lui donne, il en résulte autant de gênes pour la fabrique et le commerce de Montauban que celles que l'on y trouve.

Si vous voulez bien vous faire représenter un autre règlement aussi pour la Généralité de Montauban du 3 janvier 1744 sur le fait des toiles, vous reconnaîtrez qu'il semble que l'on n'ait cherché à exagérer de prétendus abus qui se trouvaient dans la fabrique et le commerce des toiles que pour rendre à jamais suspecte une profession également utile et honorable et que pour faire valoir davantage les services que l'on croit avoir rendus en les rectifiant. Quant à moi, Monsieur, je reviens de ce pays-là très convaincu que les règlements ont répandu le découragement dans la fabrique de Montauban, et qu'ils ont arrêté les progrès qu'une grande concurrence, beaucoup de génie et d'émulation auraient immanquablement produits dans le commerce et dans la fabrique ; progrès qu'on a tout lieu d'espérer toutes les fois que l'on voudra se défaire des préventions que les préambules de ces règlements ont pu donner contre les fabricants qui méritent assurément d'être regardés d'un œil plus favorable et que l'on ait plus de confiance en eux que la façon dont on a affecté de les représenter ne leur en a procuré jusqu'à présent. Je suis, etc.

*106. À Flachat de Saint-Bonnet,
Prévôt des marchands de Lyon*

Le 9 mars 1756

Trois particuliers piémontais travaillant en velours depuis environ 10 ans dans la fabrique des étoffes de Lyon dans le dessein de s'y établir, demandent par le placet ci-joint à y être reçus en qualité de compagnons, quoiqu'ils n'y aient pas été employés comme apprentis, et comme leur qualité d'étrangers et ce défaut d'apprentissage peuvent être un obstacle à leur demande, s'ils n'en étaient pas dispensés par l'autorité. Je vous prie de vous informer si d'ailleurs ils ont la condition et les talents nécessaires pour mériter cette grâce. Je suis, etc.

107. Au même

Le 10 mars 1756

Frédéric Hildébrand, originaire de Suisse et ouvrier tourneur à Lyon, demande par le placet ci-joint adressé à M. le Contrôleur général par M. le Cardinal du Témion d'être reçu maître tourneur de cette ville, où il prétend se fixer, et ce sans payer aucun droit de réception attendu son indigence, et en considération de ce qu'il est sur le point d'abjurer les exercices du Calvinisme suivant ce qu'il en rapporte. Je vous prie de vouloir bien me mander si dans des circonstances aussi favorables il peut se rencontrer des obstacles assez forts pour refuser à ce particulier la grâce qu'il demande. Je suis, etc.

108. Au même

Le 6 avril 1756

J'ai rendu compte au Conseil de votre avis sur la demande de Frédéric Hildébrand, originaire de Suisse, afin d'être reçu maître dans la communauté des tourneurs de Lyon. On y est parfaitement bien entré dans les raisons qui vous empêchent de rendre une ordonnance pour le faire recevoir. Mais sans qu'il soit besoin ni d'ordonnance du Consulat ni d'arrêt de Conseil, ne pouvez-vous pas persuader aux Messieurs de cette communauté de le recevoir, en leur insinuant qu'on pourrait les y forcer en conséquence de l'arrêt du Conseil dont je joins ici une copie et dont l'exécution vient tout récemment d'être ordonnée par un arrêt du Conseil privé rendu sur une contestation des cordonniers de Lyon, qui sans doute est venu à votre connaissance, et en leur faisant aussi entendre qu'il leur serait peut-être plus avantageux de se prêter de bonne grâce à cette proposition que d'y résister. Je suis, etc.

109. Au même

Le 6 avril 1756

J'ai rendu compte au Conseil de votre avis sur la demande du Sieur Gras, négociant et marchand fabricant à Lyon, afin de privilège exclusif pendant 12 années pour y fabriquer des étoffes de Moïses calandrées qu'il dit être d'un goût très supérieur à celles qui se fabriquent chez les étrangers, et il vient d'être décidé que quelque avantageuse que puisse être à la fabrique de Lyon et au contraire en gênant la perfection à laquelle le Sieur Gras a porté ces étoffes, le Conseil ne lui en accordera ni à d'autres et pour quelque circonstance que ce soit aucun privilège exclusif. On est trop convenu par l'expérience du préjudice que causent ces sortes de privilèges pour en accorder davantage. Je vous prie de vouloir bien faire informer le Sieur Gras de cette décision ; si, comme je le dis, la perfection qu'il a donnée à ce genre d'étoffes ne peut être imité de l'étranger, le débit qu'il en aura produira la fin d'un privilège, et l'en dédommagera suffisamment.

110. Au même

Le 6 avril 1756

J'ai l'honneur de vous envoyer une lettre du Sieur Renard, marchand fabricant à Lyon et qu'il m'écrit d'Hambourg, où il dit avoir été obligé de se réfugier, après avoir résidé à Berlin à cause du dérangement de ses affaires ; il y témoigne la plus forte envie de les voir rétablies pour retourner à Lyon et me prie de m'y intéresser. Mais comme je ne connais point particulièrement ce négociant, et bien moins encore la situation de ses affaires, je vous prie de vouloir bien vous en faire informer si cela vous est possible et de me mander ce que vous en pensez, de même que de l'avis qu'il me donne de la prétendue désertion de plusieurs ouvriers et dessinateurs qu'il prétend d'être facilités par des gens de Lyon et des environs, ce qu'il serait de la dernière conséquence d'approfondir. Je suis, etc.

111. À Brou, premier Échevin de Lyon

Le 12 mai 1756

M. le Contrôleur général, Monsieur, m'a renvoyé le placet ci-joint qui lui a été présenté par le Sieur Hugues, ouvrier dessinateur pour la fabrique des étoffes de soie de Lyon, dans lequel il se plaint de la situation où le réduit le mauvais état de ses affaires et demande que l'on vienne à son secours pour l'en tirer. Avant d'en rendre compte à M. le Contrôleur général, je vous prie de vous faire informer, autant qu'il sera possible, du véritable état des affaires de ce particulier, de ce qui peut les avoir dérangé, de ses talents et de l'utilité dont ils peuvent être à la fabrique et de vouloir bien m'envoyer ces éclaircissements avec votre avis. Je suis, etc.

112. À Tourny, Intendant de Bordeaux

Le 21 mai 1756

Lorsque j'ai reçu la lettre que vous m'avez fait l'honneur de m'écrire le 8 de ce mois, M. le Contrôleur général avait déjà été informé de l'opposition des Jurats de Bordeaux à l'arrêt du Conseil du 9 mars dernier obtenu par le Sieur de La Place et qu'ils n'avaient pas voulu répondre devant vous à sa requête insérée en cet arrêt.

M. le Contrôleur général avait pareillement été informé qu'au préjudice d'un autre arrêt du Conseil du mois de janvier dernier obtenu par les Sieurs Desclaux et Engevin, commissionnaires des vins de Quercy sur eux saisis, et malgré la signification qui en avait été faite à M. le Procureur général il avait continué contre eux ses poursuites au Parlement où il était intervenu le 28 avril dernier un arrêt de mainlevée de ces vins à condition de les faire sortir de la sénéchaussée ou de les convertir en eau-de-vie, ce que ces commissionnaires seraient tenus d'opter dans huitaine sur ces avis.

M. le Contrôleur général se proposait de marquer à M. le Procureur général et au Jurat quelles étaient sur ces procédures les intentions de Sa Majesté lorsqu'il a reçu une lettre de M. le premier Président du Parlement à laquelle M. le Contrôleur général vient de répondre.

J'ai l'honneur de vous envoyer copie de la réponse qu'il lui a faite ; il y a lieu de croire que cette réponse pourra amener les choses à quelque conciliation et je suis persuadé que comme moi vous ne désirez rien tant que de pouvoir y contribuer. Je suis, etc.

MÉMOIRES ET LETTRES DE VINCENT DE GOURNAY

113. À Fleury, Intendant de Dijon

Le 29 mai 1756

Antoine Rollet, tabletier à Dijon, a présenté un placet à M. le Contrôleur général dans lequel il expose que voulant faire en même temps le commerce de la quincaillerie, il s'adressa aux marchands de Dijon pour être reçu dans leur corps.

On lui opposa d'abord son défaut d'apprentissage ; cependant il prétend que l'on lui fit entendre que pourvu qu'il en rapporte un certificat tel qu'il faut pour sauver les apparences seulement, on n'en approfondirait point la sincérité. Dans cette confiance, il se fit donner un certificat et persuadé qu'on agissait de bonne foi il prit à crédit pour 17 à 18 000 l. de marchandises de quincaillerie, augmenta son logement et fit d'autres dépenses nécessaires pour ouvrir boutique. Mais il fut très surpris que ces gardes marchands qui n'avaient eu dessein que de lui tendre un piège critiquèrent son certificat dont il déclara sur le champ qu'il n'entendait point se servir d'autant plus qu'il n'en avait pas besoin, ces marchands n'étant point en jurande et plusieurs d'entre eux ayant été reçu sans faire d'apprentissage.

Cette affaire portée devant les juges de police de Dijon, Rollet prétend qu'il y est intervenu un jugement le 30 avril 1756 qui lui ordonne de fermer boutique et le condamne aux dépens et cependant par grâce il lui a accordé 3 mois pour se défaire de ses marchandises, passé lequel temps il permet aux marchands de les saisir. C'est dans cet état qu'il demande les ordres du Conseil pour être reçu marchand, nonobstant ce jugement.

Mais comme il ne l'a point joint à son placet ni rien qui justifie de ce qui y est exposé, j'ai l'honneur, Monsieur, de vous envoyer ce placet et je vous supplie pour que je puisse en rendre compte de vouloir bien en faire vérifier les faits et d'envoyer votre avis sur le tout. Vous jugerez sans doute qu'il doit principalement tomber sur la capacité du Sieur Rollet et sur les emprunts qu'il a fait pour se mettre en état de faire le commerce, son défaut d'apprentissage ne me paraissant pas un obstacle à sa réception, puisque les statuts des marchands de Dijon ayant été révoqués par le Conseil, ils ne peuvent pas en exciper. Je suis, etc.

114. À Régnier, fabricant à Nîmes

Le 1er juillet 1756

Quoique le Conseil ait paru accueillir assez favorablement votre demande, d'après les témoignages avantageux que lui ont rendu plusieurs fabricants et l'inspecteur des manufactures de l'utilité de votre nouvelle invention, il n'a pas jugé à propos d'y statuer sans avoir auparavant consulté M. de Saint-Priest, Intendant de Languedoc, auquel M. le Contrôleur général a envoyé le 24 mai dernier votre mémoire, les attestations et un échantillon de l'étoffe que vous avez fabriqué sur votre nouveau métier. Ainsi c'est à vous à vous adresser à M. de Saint-Priest pour faire valoir vos talents et l'utilité que la fabrique de Nîmes peut en tirer, en lui faisant connaître en même temps votre situation, et lorsqu'il aura renvoyé son avis, je vous rendrai avec plaisir tous les services qui dépendront de moi. Je suis, etc.

115. À Holker, Inspecteur général des manufactures

Le 9 septembre 1756

Le Conseil m'a renvoyé, Monsieur, pour lui en rendre compte le mémoire du Sieur Jacquette, fabricant à Lyon, qui lui demande une indemnité de ses dépenses et une gratification pour avoir inventé deux machines propres à céruser les étoffes de soie larges et étroites de la fabrique. Quoique M. Goisson et M. l'intendant aient rendu des témoignages assez avantageux de la solidité et de l'utilité de ces machines, je serais bien aise pour répondre aux vues du Conseil d'en avoir votre avis, de savoir si le nouveau système de ces machines est comparable à celle de M. de Vaucanson, et quelles dépenses vous estimez que le Sieur Jacquette a pu faire pour exécuter ses machines. Je vous prie de vouloir bien m'envoyer ce mémoire et votre avis le plus tôt qu'il vous sera possible. Je suis, etc.

*116. À Flachat de Saint-Bonnet,
Prévôt des marchands de Lyon*

Le 9 septembre 1756

Antoine Ducros, âgé de 15 ans, demande à être reçu à l'apprentissage dans la fabrique, quoiqu'il ne soit point d'une des provinces désignées par le règlement, étant né à Vaumiel en Provence, raison pour laquelle il prétend que les gardes ont refusé de l'admettre. Je vous envoie son placet et vous prie de me marquer s'il n'y a aucun obstacle qui s'oppose à son admission.

CORRESPONDANCE ADMINISTRATIVE AU BUREAU DU COMMERCE

117. Au même

Le 9 septembre 1756

Le Sieur Roussel, marchand fabricant, vient de m'adresser un mémoire sur la difficulté que font les gardes de la fabrique de laisser exécuter la permission que M. Brou, premier Échevin, lui a accordée de fabriquer cinquante pièces de velours en façon d'Hollande en 2 poils et demi dans la largeur des 7/16 qui lui avaient été demandées. Je vous envoie ce mémoire que je vous prie de vouloir bien examiner et me le renvoyer avec votre avis pour me mettre en état de prendre la décision au Conseil. Je suis, etc.

118. À Bertin, Intendant de Lyon

Le 9 septembre 1756

Le Sieur Dobbins, anglais catholique et fabricant de chapeaux, désirerait avoir la permission d'en établir une manufacture en prenant des associés et se flatte d'avoir l'honneur d'être connu de vous, que vous êtes parfaitement informé de sa capacité et qu'il m'a donné des preuves par vos ordres. Je vous prie, Monsieur, de vouloir bien me mander ce qu'il en est et quel égard on pourrait avoir à sa proposition. Je suis, etc.

119. À Vaucanson, mécanicien

Le 9 septembre 1756

Vous verrez, Monsieur, par le mémoire ci-joint du Sieur Villard qu'il a trouvé plusieurs nouvelles inventions et méthodes pour faciliter et perfectionner le moulinage et le filage des soies. Vous êtes plus en état que personne de juger du mérite de ces nouveautés. C'est pourquoi je vous prie de vouloir bien me mander votre sentiment pour me mettre en état de lui procurer les encouragements convenables pour exécuter ses projets, si vous les approuvez. Je suis, etc.

*120. À Flachat de Saint-Bonnet,
Prévôt des marchands de Lyon*

Le 23 septembre 1756

Le Sieur Dumas, maître doreur à Lyon, m'a adressé un mémoire sur la réunion des communautés des fondeurs, bossetiers et des doreurs de cette ville. Il réclame la liberté du commerce fondée sur l'arrêt de 1641 et sur celui qui a été tout récemment rendu entre les cordonniers et les savetiers. Vous jugerez sans doute que cette demande doit entrer dans le projet de liberté dont j'ai eu l'honneur de conférer avec vous au sujet de l'affaire des boulangers et rôtisseurs contre les pâtissiers.

Cependant, si vous pensiez qu'il fût instant de remédier aux divisions qui règnent entre ces deux communautés, je vous prierais de vouloir bien vous en éclaircir et de m'en mander votre sentiment. Je suis, etc.

121. À Saint-Priest, Intendant de Montpellier

Le 26 septembre 1756

L'intention du Conseil en autorisant l'établissement d'une manufacture d'étoffes de soie au Puy-en-Velay ayant été d'en faciliter l'exploitation par tous les moyens possibles, ses vues ne seraient pas remplies si les entrepreneurs trouvaient des difficultés à se procurer les ouvriers qui leur sont nécessaires, soit de Lyon ou des autres provinces du Royaume à cause de la milice à laquelle ils seraient assujettis au Puy et dont les ouvriers de Lyon sont exempts.

C'est pourquoi, pour lever ces obstacles, je vous prie de vouloir bien en exempter les ouvriers de Lyon qui travailleront dans cette manufacture et de vouloir bien aussi m'informer des progrès qu'elle peut avoir faits jusqu'à ce jour et lui accorder votre protection. Je suis, etc.

122. À Flachat de Saint-Bonnet, Prévôt des marchands de Lyon

Le 14 février 1757

Joseph Guyon, âgé de 35 ans, par négligence ou autrement, ne s'étant pas fait enregistrer au Bureau de la communauté des bouchers de Lyon ni en qualité d'apprenti ni comme compagnon, demande à être reçu en même temps apprenti, compagnon et maître aux offres de se conformer aux formalités et de payer les droits prescrits par les statuts de cette communauté.

Le certificat de 21 années de service en qualité de garçon boucher qu'il apporte et les droits qu'il a payés à la confrérie me paraissent être des titres suffisants pour lui accorder sa demande. Je vous prie cependant de vouloir bien communiquer aux gardes de la communauté et de me mettre en état d'en rendre compte à M. le Contrôleur général et apprendre sa décision.

123. À La Pierre, marchand fabricant à Nîmes

Le 20 mars 1757

Vous n'avez pas sans doute conçu le dessein d'aller former en Guyenne l'établissement d'une manufacture de bas, sans vous être consulté sur les avantages que vous en pourriez retirer. Ainsi, Monsieur, les soies ni les métiers que vous y ferez transporter n'étant sujets à aucun droit, vous êtes libre d'exécuter votre projet. Mais je penserais que les choses nécessaires à la vie rendent à Bordeaux la main-d'œuvre beaucoup plus chère que dans quelque autre ville de cette province. Il vous serait plus avantageux d'en choisir une autre que Bordeaux. Quoiqu'il en soit, dans quelque endroit que vous ferez un établissement en ce genre, soyez toujours assuré de mes bons offices, mais ce n'est point en le cas où vous puissiez vous flatter d'une gratification. Je suis, etc.

124. Au comte de Bernis et à Boulongne

Le 1er octobre 1757

Une personne en qui je crois devoir avoir confiance m'est venu trouver, il y a quelques jours, pour m'informer qu'il y avait un projet sur le tapis pour obliger tous les banquiers et négociants du Royaume de déclarer les fonds et autres effets qu'ils ont entre les mains, appartenant aux Anglais, afin de les confisquer au profit du Roi. Cette idée me paraît si contraire à la bonne foi et aux usages établis entre les nations policées, que je ne crus pas devoir en faire cas. Mais la personne qui m'a donné cet avis m'a assuré si positivement qu'elle avait vu le projet de Déclaration, ayant été même jusqu'à me dire le nom du Commissaire du Conseil qui doit être chargé de l'exécution, que je me suis cru obligé de vous en faire part, persuadé que, s'il était vrai qu'il fût question d'un pareil projet, vous voudriez bien employer votre autorité pour le faire rejeter comme tendant à discréditer le gouvernement dans les pays étrangers, à autoriser ces mêmes étrangers à user de représailles envers nous et à interrompre pour jamais la confiance des nations avec lesquelles nous commerçons, sans pouvoir espérer de la rétablir même après la paix.

On a tenté deux fois le même projet en Espagne, l'un, contre les Français lors du retour de Madame l'Infante, l'autre, contre les Anglais pendant la guerre qui a précédé la paix d'Aix-la-Chapelle. Ces deux tentatives ne firent que manifester à toute l'Europe la bonne foi des négociants espagnols et les auteurs du projet n'eurent que la honte de l'avoir tenté en vain, et il ne faut pas douter que l'on ne trouve dans nos négociants la même constance et la même fidélité.

Je souhaite, je me flatte même encore, que l'avis que l'on m'a donné se trouvera faux ; aussi dans tout autre temps, j'aurais hésité davantage à vous faire part d'un projet que je regarde comme si peu fait pour être adopté.

Mais il s'est passé, depuis peu, des choses si contraires au bien du commerce, à ses vrais principes et à l'utilité publique qui en doit toujours faire l'objet, que j'ai cru ne devoir balancer à vous rendre compte de ce que j'ai appris sur celle-ci et que le motif qui me fait agir me servirait d'excuse, soit que j'aie été bien ou mal instruit. Je suis, etc.

TABLE

Introduction, par Benoît Malbranque 5

PREMIÈRE PARTIE : MÉMOIRES DE VINCENT DE GOURNAY 21

Mémoire sans titre sur quelques moyens de faire fleurir le commerce 23

Mémoire sur les communautés de métiers adressé à la Chambre de commerce de Lyon 35

Réflexions sur la contrebande 50

Estimation des richesses de l'Angleterre dans quatre époques servant à en faire voir les progrès jusqu'à aujourd'hui 59

Mémoire sans titre, sur la division en deux classes de toute société humaine, à savoir les productifs et les improductifs 63

Question : si le travail des gens de mainmorte et la faculté qui leur serait accordée d'en mettre les productions dans le commerce serait utile ou préjudiciable à l'État 90

Mémoire sans titre, portant des questions diverses sur le commerce 108

Moyens simples de nuire aux Anglais en nous fortifiant 111

Pièce détachée sur l'intérêt de l'argent 116

DEUXIÈME PARTIE : CORRESPONDANCE PRIVÉE ET ADMINISTRATIVE 119

Lettre à Maurepas, 5 mars 1747 121

MÉMOIRES ET LETTRES DE VINCENT DE GOURNAY

Lettre à Morellet, 27 octobre 1751	132
Lettre à Trudaine, 1758	134

Correspondance administrative au Bureau du commerce   138

1. À Dugas, Prévôt des marchands de Lyon, 4 mai 1751	138
2. À Aubry, Inspecteur des manufactures à Tours, 4 mai 1751	139
3. À Lemarchant, Inspecteur de la draperie à Lyon, 19 mai 1751	140
4. À Comte, Inspecteur des manufactures à Niort en Poitou, 30 mai 1751	142
5. À Brunet, fabricant d'étamines à Alençon, 8 juin 1751	143
6. À Sauclière, Inspecteur des manufactures à Brioude en Auvergne, 8 juin 1751	143
7. À Magnanville, Intendant de Tours, 7 août 1751	144
8. À Mège, entrepreneur d'une manufacture de soie à Privas en Vivarais, 7 août 1751	145
9. À Sauclière, Inspecteur des manufactures à Brioude en Auvergne, 7 août 1751	146
10. À Saint-Priest, Intendant de Montpellier, 13 août 1751	146
11. À Magnanville, Intendant de Tours, 18 septembre 1751	148
12. À Mège, manufacturier de soie à Privas, 18 septembre 1751	148
13. À Muret, Inspecteur des manufactures à Limoges, 18 septembre 1751	149
14. À Fleury, Intendant de Dijon, 19 septembre 1751	150
15. À Magnanville, Intendant de Tours, 27 septembre 1751	151
16. Au même, 2 novembre 1751	151
17. À Comte, Inspecteur à Niort en Poitou, 4 décembre 1751	153
18. À Jubié, à Saint-Marcellin, Dauphiné, 14 décembre 1751	153

TABLE DES MATIÈRES

19. À Aubry, Inspecteur des manufactures à Tours, 14 décembre 1751	155
20. À Dugas, Prévôt des marchands de Lyon, 15 décembre 1751	156
21. À Muret, Inspecteur des manufactures à Limoges, 17 décembre 1751	157
22. À Rossignol, Intendant de Lyon, 29 janvier 1752	158
23. À Magnanville, Intendant de Tours, 18 février 1752	158
24. À Comte, Inspecteur des manufactures à Niort en Poitou, 2 mars 1752	159
25. À Rossignol, Intendant de Lyon, 15 mars 1752	160
26. À Magnanville, Intendant de Tours, 27 mars 1752	160
27. À Flachat de Saint-Bonnet, Prévôt des marchands de Lyon, 1er mai 1752	161
28. À Magnanville, Intendant de Tours, Mai 1752	165
29. À Flachat de Saint-Bonnet, Prévôt des marchands de Lyon, 6 mai 1752	166
30. Au même, 24 mai 1752	167
31. À Trudaine, Intendant des finances, 25 mai 1752	168
32. À Flachat de Saint-Bonnet, Prévôt des marchands de Lyon, 13 juin 1752	169
33. À Saint-Priest, Intendant de Montpellier, 30 juin 1752	170
34. À la Chambre de commerce de Bordeaux, 30 juin 1752	171
35. À Trudaine, Intendant des finances, 26 juillet 1752	172
36. À Boisemont, Intendant de La Rochelle, 24 août 1752	173
37. Aux Maire et Échevins de La Rochelle, 28 août 1752	174
38. À Trudaine, Intendant des finances, 1er septembre 1752	175
39. Au même, 1er septembre 1752	176
40. À Flachat de Saint-Bonnet, Prévôt des marchands de Lyon, 5 septembre 1752	177
41. À Houdy, de l'Académie de peinture, 9 septembre 1752	178

42. À Flachat de Saint-Bonnet, Prévôt des marchands de Lyon, 11 septembre 1752 — 178

43. À Trudaine, Intendant des finances, 25 septembre 1752 — 179

44. À Rossignol, Intendant de Lyon, 24 octobre 1752 — 180

45. À Flachat de Saint-Bonnet, Prévôt des marchands de Lyon, 27 novembre 1752 — 181

46. À Trudaine, Intendant des finances, 19 décembre 1752 — 181

47. À Flachat de Saint-Bonnet, Prévôt des marchands de Lyon, 20 décembre 1752 — 183

48. À Lemarchant, Inspecteur des manufactures à Lyon, 22 décembre 1752 — 183

49. Au même, 22 décembre 1752 — 184

50. À Champant, ministre du Roi à Hambourg, 26 décembre 1752 — 185

51. À Flachat de Saint-Bonnet, Prévôt des marchands de Lyon, 13 janvier 1753 — 186

52. À Rodiez, Élève-Inspecteur des manufactures à Alais, 22 janvier 1753 — 186

53. À Houdry, de l'Académie de peinture, 26 janvier 1753 — 187

54. À Flachat de Saint-Bonnet, Prévôt des marchands de Lyon, 11 mars 1753 — 187

55. Au même, 11 mars 1753 — 188

56. Au même, 11 mars 1753 — 189

57. Au même, 27 mars 1753 — 189

58. Au même, 10 avril 1753 — 190

59. À Brutté, Inspecteur des manufactures à Orléans, 10 avril 1753 — 191

60. À Flachat de Saint-Bonnet, Prévôt des marchands de Lyon, 14 avril 1753 — 192

61. Au même, 25 avril 1753 — 192

62. Au même, 21 mai 1753 — 192

TABLE DES MATIÈRES

63. Au même, 30 mai 1753	193
64. Au même, 30 mai 1753	194
65. À Trudaine, Intendant des finances, 9 juin 1753	194
66. À Flachat de Saint-Bonnet, Prévôt des marchands de Lyon, 9 juin 1753	195
67. Au même, 18 juin 1753	196
68. Au même, 27 juin 1753	196
69. Au même, 2 juillet 1753	197
70. À Magnanville, Intendant de Tours, 11 juillet 1753	197
71. À Flachat de Saint-Bonnet, Prévôt des marchands de Lyon, 15 décembre 1753	198
72. Au même, 24 décembre 1753	199
73. Au même, 4 janvier 1754	199
74. Au même, 12 janvier 1754	200
75. À Grenus, négociant à Lyon, 14 janvier 1754	201
76. À l'abbé Rigauld, filateur à Trenier en Provence, 14 janvier 1754	202
77. À La Roche-Aymon, Archevêque de Narbonne, 19 janvier 1754	202
78. À Flachat de Saint-Bonnet, Prévôt des marchands de Lyon, 22 janvier 1754	203
79. À Saint-Priest, Intendant de Montpellier, 23 janvier 1754	204
80. À Courteille, Intendant des finances, 25 janvier 1754	206
81. À La Tour, Intendant de Provence, 25 janvier 1754	206
82. À La Genière, Inspecteur des manufactures à Aix, 29 janvier 1754	207
83. À Flachat de Saint-Bonnet, Prévôt des marchands à Lyon, 5 février 1754	207
84. À Sève, négociant à Lyon, 5 février 1754	208
85. À Flachat de Saint-Bonnet, Prévôt des marchands de Lyon, 5 février 1754	209

86. Au même, 6 février 1754	209
87. Lettre circulaire aux Intendants : La Tour, La Porte, Lescalopier et Magnanville, 18 février 1754	210
88. À Flachat de Saint-Bonnet, Prévôt des marchands de Lyon, 1er mars 1754	211
89. Au même, 4 mars 1754	212
90. Au même, 4 mars 1754	213
91. À Sahac de Planhol, Trésorier des finances à Lyon, 4 mars 1754	213
92. À Flachat de Saint-Bonnet, Prévôt des marchands de Lyon, 6 mars 1754	214
93. À Trudaine, Intendant des finances, 15 mars 1754	215
94. À Rozée, négociant à Nantes, 30 mars 1754	217
95. À Flachat de Saint-Bonnet, Prévôt des marchands de Lyon, 1er avril 1754	217
96. À Trudaine, Intendant des finances, 10 avril 1754	218
97. Aux députés du commerce, 16 avril 1754	220
98. À Rozée, négociant à Nantes, 27 avril 1754	220
99. Au comte d'Argenson, Secrétaire d'État à la guerre, 3 mai 1754	221
100. À Magnanville, Intendant de Tours, 27 mai 1754	221
101. À Bruiset à Lyon, 19 juin 1754	222
102. À Magnanville, Intendant de Tours, 3 juillet 1754	222
103. Au marquis de Stainville, ambassadeur à Rome, 16 avril 1755	227
104. À Trudaine, Intendant des finances, 9 mai 1755	229
105. Au même, 14 décembre 1755	230
106. À Flachat de Saint-Bonnet, Prévôt des marchands de Lyon, 9 mars 1756	231
107. Au même, 10 mars 1756	232
108. Au même, 6 avril 1756	232

TABLE DES MATIÈRES

109. Au même, 6 avril 1756 — 233

110. Au même, 6 avril 1756 — 233

111. À Brou, premier Échevin de Lyon, 12 mai 1756 — 234

112. À Tourny, Intendant de Bordeaux, 21 mai 1756 — 235

113. À Fleury, Intendant de Dijon, 29 mai 1756 — 236

114. À Régnier, fabricant à Nîmes, 1er juillet 1756 — 237

115. À Holker, Inspecteur général des manufactures, 9 septembre 1756 — 238

116. À Flachat de Saint-Bonnet, Prévôt des marchands de Lyon, 9 septembre 1756 — 238

117. Au même, 9 septembre 1756 — 239

118. À Bertin, Intendant de Lyon, 9 septembre 1756 — 239

119. À Vaucanson, mécanicien, 9 septembre 1756 — 239

120. À Flachat de Saint-Bonnet, Prévôt des marchands de Lyon, 23 septembre 1756 — 240

121. À Saint-Priest, Intendant de Montpellier, 26 septembre 1756 — 241

122. À Flachat de Saint-Bonnet, Prévôt des marchands de Lyon, 14 février 1757 — 241

123. À La Pierre, marchand fabricant à Nîmes, 20 mars 1757 — 242

124. Au comte de Bernis et à Boulongne, 1er octobre 1757 — 242

www.ingramcontent.com/pod-product-compliance
Lightning Source LLC
Chambersburg PA
CBHW050051230526
45470CB00004B/1486